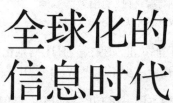

酷科学 科技
KU KEXUE

全球化的
信息时代

张红琼◎主编

时代出版传媒股份有限公司
安徽美术出版社
全国百佳图书出版单位

图书在版编目（CIP）数据

全球化的信息时代/张红琼主编.—合肥：安徽美术出版社，
2013.3（2021.11重印）

（酷科学．科技前沿）

ISBN 978－7－5398－4238－7

Ⅰ.①全… Ⅱ.①张… Ⅲ.①信息化社会－青年读物
②信息化社会－少年读物 Ⅳ.①G201－49

中国版本图书馆 CIP 数据核字（2013）第 044351 号

酷科学·科技前沿
全球化的信息时代

张红琼 主编

出 版 人：王训海
责任编辑：张婷婷
责任校对：倪雯莹
封面设计：三棵树设计工作组
版式设计：李 超
责任印制：缪振光
出版发行：时代出版传媒股份有限公司
　　　　　安徽美术出版社（http://www.ahmscbs.com）
地　　址：合肥市政务文化新区翡翠路 1118 号出版传媒广场 14 层
邮　　编：230071
销售热线：0551-63533604　0551-63533690
印　　制：河北省三河市人民印务有限公司
开　　本：787mm×1092mm　　1/16　　印 张：14
版　　次：2013 年 4 月第 1 版　2021 年 11 月第 3 次印刷
书　　号：ISBN 978－7－5398－4238－7
定　　价：42.00 元

　　步入信息化时代是以科学为基础，信息为载体的课程。21世纪，随着人类经济社会的不断发展，我们也迎来了以"信息化"为主导的知识经济。此书以各种生产生活工具对人类社会进步所作出的贡献为线索，探索了扑朔迷离的科学疑云，是一本让你身临其境，畅想科学的巅峰之作。书中还有不少图形实例，青少年读者们不仅可以从中获取相关科学知识，还可以进行细致入微的观察，激发自己的创造性思维。相信本书会激发广大青少年读者们的兴趣，为国家培养科学领域的"后备军"出一份力。当然，本书也将积极争取作出三个特色：①从始至终提供可供联系实际的实例；②以最全面的信息面向广大青少年读者；③以培养青少年创新思维为主，知识拓宽为辅。

　　我们的目标是使青少年了解科学知识的重要性，并下意识的树立科学思维的观念。书中的文字叙述力求通俗易懂，深入浅出。对各种模糊的概念都做了相应的注解。目前，知识创新正成为当今社会的主旋律。信息技术成为知识经济时代的推动力，数字化、网络化、智能化、集成化、移动化、个性化的大趋势，将改变人类的生产、生活、工作和思维方式。遍布全球的因特网已形成前所未有的巨大市场、发展机遇和新的生存空间。面对飞速发展的信息化大潮，我们只有尽快学习、熟悉、掌握、运用计算机技术和信息知识，才能抓住这次机遇，才能在 21 世纪的今天通行无阻。

　　本书以图文并茂的形式为广大青少年读者介绍了有关信息化方向的一些相关知识，希望能借此提高中小学生的学习兴趣及创新能力，提高学生的综合思维能力。

C ONTENTS

网络——信息时代的桥梁

丰富多彩的信息化生活

人类社会进入信息化时代

　　世界的距离越来越近了，我们也不断地接受着先进文明的洗礼。那么是谁在引导我们向前跨越呢？是的，是信息。可我们对信息了解有多少呢？我们心中对信息的定义又是什么呢？其实，我们都是知识经济的产物，我们也无时无刻的不在与信息打交道，可我们就是缺乏一个整体性思维。那么本章将带领大家走进信息时代，走进科学领域。

什么是信息

其实，人类一直生活在信息的海洋之中。人们每时每刻都在自觉或不自觉地与信息打交道。那么，究竟什么是信息呢？

一般来说，信息没有一个明确的概念，它有多种多样的形式。它可以是人的感觉器官能感觉到的东西，也可以是人的感觉器官难以直接感觉但确实存在的东西。人们通常所讲的信息，并非指事物本身，而是表征事物或者通过事物发出的消息、情报、指令、数据、信号中所包含的内容。

一切事物都会发出各种各样的信息，由此显示出大千世界的五彩缤纷、千差万别。例如，图像就是一种信息，我们眼睛看到的各种各样变化的图案，都能给我们某些信息。文字资料是信息，从飞机、舰艇上反射回来的电磁波或者超声波也是信息。地震之前，鸡飞狗叫，那是因为这些动物感受到了人们所无法直接感受到的震前信息。天空中的风暴、闪电，地壳中的断层、矿物，宇宙中的天体等，都能给人们带来信息。信息是表示事物特征的一种普遍形式，是物质世界的一个重要方面。信息如同物质和能量一样，普遍存在于自然界、人类社会和人的认识之中。

基本小知识

断　层

断层就是岩体受力达到一定强度而发生断裂，两侧岩块沿断裂面发生显著位移的断裂构造。

通俗地说，通过信号带来的可利用的消息，就是信息。当然，也可以把信息理解为事物的存在方式和运动状态。不同的事物有不同的存在方式和运动状态、运动规律，于是就构成了各种事物的特征，即这些事物各自发出的不同信息。

信息是人类社会的重要资源

在当今社会中，信息已成为一种资源——信息资源。信息资源和土地、森林、矿产等物质资源一样，是人类极其宝贵的财富，是推动人类社会发展的重要源泉。信息的影响十分巨大，一条有价值的商业信息可以帮助商人获得巨额利润，一条准确的气象预报可以使人民的生命财产免遭重大损失，一则确切的股市分析信息可以使人一夜之间成为富翁。

知识小链接

信息资源

信息资源是企业生产及管理过程中所涉及的一切文件、资料、图表和数据等信息的总称。它涉及企业生产和经营活动过程中所产生、获取、处理、存储、传输和使用的一切信息资源，贯穿于企业管理的全过程。信息同能源、材料并列为当今世界三大资源。信息资源广泛存在于经济、社会各个领域和部门，是各种事物形态、内在规律、和其他事物联系等各种条件、关系的反映。

和物质资源相比，信息资源有它极为特殊的重要性。这些重要性是由它自身的特点所决定的。那么信息资源有哪些特点呢？概括地说，它有五大特点：

1. 信息资源可以反复使用，其价值在使用中得到体现。

2. 信息资源的总量增长往往是"爆炸式增长"。例如，20世纪60年代信息总量为72万亿字符，到20世纪80年代信息总量为500万亿字符，到1995年，信息总量已达到1985年时的2400倍。而到了2007年，全球信息总量已经远远超过了人们的想象。

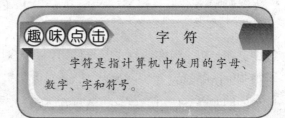

趣味点击　　字符

字符是指计算机中使用的字母、数字、字和符号。

3. 信息资源传播速度可以很快，甚至可以以光的速度传播。

4. 信息资源没有国界，它可以通过各种传播媒介传向四面八方。在因特网快速发展的今天，信息的传播范围更为扩大。

拓展阅读

天气预报

天气预报是对未来某时段内某一地区或部分空域可能出现的天气状况所作的预测。

5. 信息资源具有时效性。例如，天气预报过了某一段时间就失去了意义；战时的空袭预报一过时间，就没有一点价值了。

另外，信息资源还是一个重要的战略性资源，在军事、外交、政治等领域的地位与应用价值日益提高，信息资源及信息化的各种装备已经成为一个国家综合国力的重要体现。

信息与人类的生存密切相关

广角镜

数 据

数据是科学实验、检验、统计等所获得的和用于科学研究、技术设计、查证、决策等的数值。

自有人类社会以来，信息就对人们的生活、工作起着举足轻重的作用。例如，远古时代人们遇到猛兽，就通过各种形式把这个信息传播出去，减少其他人受害的可能性。在现代社会，信息的作用更是难以估量，它的传播方式也是多种多样。例如，你和好朋友在一起，当你遇到了某一件事情，他对你挤挤眼或摇摇头，你就会从中得到你所需要的信息。当然，你也可以通过越洋电话或计算机网络和远在国外的朋友交流信息。总之，信息在人类社会中处处皆是，我们在信息的包围之中生活、工作，并通过各种手段和方式获得自己所需要的信息。从这个意义上讲，信息不等于数据，数据只是信息的载体，信息不随载荷的物理设备形式的改变而改变。

医生为病人看病，先了解病史、病情，再把脉、测量体温，有时还看心电图、X 光片、化验报告等。医生从这些口述、文字及图像资料中获得对患者治疗有用的信息。

拓展阅读

降雨量

　　从天空降落到地面上的雨水，未经蒸发、渗透、流失而在水平面上积聚的水层深度，称为降雨量（以毫米为单位），它可以直观地表示降雨的多少。

气象工程师利用各种仪器记录风向、风速、降雨量、温度、湿度等大批数据，再绘制出气象云图，从而获得气象信息。

人利用眼、耳、鼻等器官感知文字、图形、图像、动画、声音、气味等的存在和变化，并从中获取信息。

总之，现代社会信息种类繁多，信息量极大。人们通过各种方式获得大量原始信息，再对它们进行整理、精选，或用计算机对它们进行处理，以获得有用的信息。

▶ 信息是决策的依据

1794 年深秋，拿破仑进军荷兰时，荷兰打开了各条运河的闸门，企图用洪水阻挡法军统帅皮舍格柳（拿破仑的老师）的大军。正当皮舍格柳的队伍无法前进并准备撤退时，皮舍格柳却发现树上蜘蛛正在大量吐丝结网。这是寒潮即将来临的预兆。根据这一现象，皮舍格柳下达了停止撤退、准备进攻的命令。不久，寒潮果然来临，一夜间河水冰封，法军顺利通过了瓦尔河，一举攻占了要塞乌得勒支城。

这一决策是在皮舍格柳具有丰富的军事知识和科学常识的基础上做出的。

大家知道，天空中乌云密布，传达了可能要下雨的信息；而蜘蛛吐丝，传达了寒潮即将来临、气候变冷、河水结冰的信息。

你知道吗

决　策

决策就是为了达到一定的目标，采用一定的科学方法和手段，从两个以上的方案中选择一个满意方案的分析判断过程。

人们通常所说的决策，简单地说，就是做决定。决策是人类社会的一项重要活动，它涉及人类生活的各个领域。军事上的指挥、医疗上的诊断、戏剧上的编导、创作中的构思、交通运输中的调度、工艺技术上的革新、科研中的发明等都离不开决策。决策的过程，就是搜集信息、进入思维、进行推理，最终做出决定的过程。

显而易见，信息是决策的基础和依据。要是没有大量准确的信息，就不可能进入思维，进行推理，并最终做出决策。只有占有大量准确信息，才能做出一个好的决策。

有人说无信息就无决策，看来不无道理。这是因为，没有信息作为依据，就不能做出科学的决策——一切正确的决策都离不开对信息的搜集、整理、分析和研究。而一个决策的失误，很大程度上是由于对信息不重视和对未来预测不正确而造成的。

信息与知识

当你和一个朋友交谈时，如果他滔滔不绝地从各个不同角度谈论某一个方面的问题，向你提供各方面的情况，提供自己的看法和见解，你就会受到很多启发，并获得有关知识。如果他谈起问题来干巴巴的，没有多少内容，引不起你的兴趣，谈话结束时你就会觉得收获不大。两者存在如此大的差别，究其原因，主要在于前者占有的信息量大，后者占有的信息量小的缘故。这也就说明，信息是获得知识的基础之一。当你占有较多信息时，你的知识也就比较丰富。

知识是人们对各种自然现象与社会现象的认识的总结，是系统化、规范化、结构化的信息，它以各种方式把多个信息关联在一起。例如，我们获得"燕子低飞""蚂蚁搬家"这样两条信息，就得到"天将下雨"这样一条知识。

知识产生于人类的实践和思维活动，当人们掌握了大量确切的信息之后，经过实践和思考，知识就会逐渐丰富起来。所以，知识和信息是密切相关的，信息经过人们的实践和思考是可以转变为知识的。

◥ 信息库与数据库

通俗地说，数据库是存放大量数据的仓库，而信息库是存放大量信息的仓库。数据库和信息库是不一样的。

从概念上讲，数据不等于信息。信息往往用数据来表示，数据要经过处理才成为有一定意义且具有某类形式的信息。例如，气象工程师利用各种仪器记录风向、风速、降雨量、温度、湿度等数据，再绘制成气象云图，从而获得气象信息，由此作出晴或多云等天气预报。数据是表示信息的，在计算机中信息是一组数字、字母或符号，计算机可以对它进行加工处理。

从组织形式看，数据库和信息库也有着各自不同的特点。

首先，数据库中存储的数据要求尽可能没有重复。例如：银行在办理存款、贷款等业务时，需要在文件上保存客户的姓名和地址。假定每个部门都有一个客户文件，那么这个客户的姓名和地址就要被存储多次。如果这个客户迁居到其他地方，那么就要在多个文件中修改这个客户的地址。若建立了客户数据库，此时姓名和地址仅需存储一次，修改时也只需要改一次。所以，用数据库方法能够减少数据的重复存储。但信息库中的大量信息却是可以有部分重复的。

其次，数据库中数据的存放是独立的，用户操作启动应用程序时不必知道数据存放在什么地方和怎样存放，这些事都由计算机系统自动完成。这样，用户就能集中精力设计出好的应用程序。而对于存放在信息库中的信息，用户使用时必须清楚地了解存放信息的每一种设备放在哪里，随后才能存取。

再次，存储数据的数据库必须有一定格式，而存储在信息库中的信息无需格式，只注重于存储信息的各种设备，如胶卷、图片、磁盘、光盘等。

信息技术

所谓信息技术，主要指的是信息的产生、获取、存储、传递、处理、显示和使用等技术。它主要包括微电子技术、光子技术、光电子技术、计算机技术、通信技术、辐射成像技术等。

基本小知识

光电子技术

光电子技术是由光子技术和电子技术结合而成的新技术，涉及光显示、光存储、激光等领域，是未来信息产业的核心技术。

微电子技术是指以半导体集成电路为核心的技术。半导体集成电路在30多年的时间内，经历了小规模、中规模、大规模、超大规模时期。世界各国都把微电子技术发展的水平作为衡量一个国家现代化程度的重要标志。通常，大规模集成电路发展的水平以动态随机存储器和静态随机存储器的集成度（每个集成电路封装的元件数）为标志。集成电路从 20 世纪 70 年代 1 千位研制成功，至 20 世纪 90 年代 64 兆位问世，期间经历了 8 代变革，集成度提高了 64000 倍。其中，砷化镓（GaAs）集成电路获得了更大的发展。在集成

趣味点击 集成电路

集成电路是一种微型电子器件或部件。

电路发展中，光刻技术在微细加工技术中是最核心的一种工艺技术。其中，同步辐射 X 射线曝光技术是一种最有希望的光刻技术。微电子技术将进一步发展为纳米电子技术。

进入 21 世纪，光子技术与光电子技术逐渐成为信息技术的支柱。光子技术主要指对光子流进行的控制技术，主要包括光的产生、传输、调制、开关、放大和转换等技术。光子作为信息载体具有很多优点和特点，如激光二极管的问世，使光子能够代替电子。光子器件及其系统的响应速度远比电子的高，加之承载信息的光子又具有可大规模互联和并行传输与处理的能力等，光子技术已遍及许多领域：光子发生与控制的激光技术与系统，如各种激光器与系统；光子及其承载信息传输的导波技术与系统，如光纤光波导；光子探测和分

拓展阅读

激光二极管

激光二极管本质上是一个半导体二极管，按照 PN 结材料是否相同，可以把激光二极管分为同质结、单异质结（SH）、双异质结（DH）和量子阱（QW）激光二极管。量子阱激光二极管具有阈值电流低、输出功率高的优点，是目前市场上的主流产品。同激光器相比，激光二极管具有效率高、体积小、寿命长的优点，但其输出功率小、线性差、单色性不太好，使其在有线电视系统中的应用受到很大限制，不能传输多频道、高性能模拟信号。在双向光接收机的回传模块中，上行发射一般都采用量子阱激光二极管作为光源。

析的光学检测技术与系统，如光谱分析技术、遥感技术；光子承载信息及加工的光学信息处理与通信系统以及微光子技术，如光集成。

计算机技术是信息技术中最核心的技术，主要是进行信息处理或加工，部分地代替人脑的功能，可以说是人类大脑的延伸。现代计算机是一种自动进行程序处理的通用工具。它的处理对象是信息，处理结果也是信息。利用计算机解决科学计算、工程设计等各种问题的方法都是按照一定的算法进行的，而这种算法是定义精确的一系列规则，它指出怎样以给定的输入信息经

过有限的步骤产生所需要的输出信息。算法的特殊表示称为程序。信息处理的一般过程是使用者针对待解决的问题事先编制程序，再存入计算机内，然后利用存储程序指挥、控制计算机自动地进行各种基本操作，直到得出预期的结果。计算机能够自动工作的基础在于这种存储程序方式。计算机通用性的基础则在于利用计算机进行信息处理的共性方法。

基本小知识

存储程序

存储程序是将根据特定问题编写的程序存放在计算机存储器中，然后按存储器中的存储程序的首地址执行程序的第一条指令，以后就按照该程序的规定顺序执行其他指令，直至程序结束执行。

世界上第一台计算机

在近半个世纪里，计算机技术一直在高速发展，已由硬件、软件和固件组成了计算机系统。由于集成电路的集成度的迅速发展，所以各类计算机的性能也得到了迅速提高。而新一代计算机是将信息采集、存储、处理、通信、人工智能结合在一起的智能计算机系统，既能处理一般信息，又能进行知识处理，并具有形式化推理、联想、学习、解释的能力，将有助于人类开拓未知的领域并获得新的知识。

在 21 世纪里，计算机技术将得到迅速发展。首先，超级计算机在并行处理技术的基础上会得到充分发展，特别是大规模并行处理（MPP）计算机。多媒体技术作为一种新技术进入计算机系统，大大拓宽了计算机的应用范围，它是把文字、数据、图形、图像和声音等信息媒体作为一个集成体由计算机来处理，这样就把计算机带入了一个声、文、图集成的广泛的应用领域。在电子计算机飞速发展的同时，光学计算机将有广阔的前景，它基于半导体光子学技术的发展，形成光子集成系统，再融合电子集成系统，最后形成光电子集成系统。可以预计，光学计算机的运算速度会比超级计算机快 1000 ～ 10000 倍。接着，人们还将继续发展生物计算机，如分子计算机、神经计算机等。

➡️ 信息论

作为广义的系统论中的一部分，信息论最初却是一门比较实用的科学，它是在研究通信过程中的信息传输问题上发展起来的。

信息论的创始人申农，是美国贝尔电话研究所的数学家。早在 1940 年，申农就开始研究通信中的信息传输问题。当时的中心问题是信息源发出消息后，怎样通过信息传输渠道到达信息接收器的问题。围绕此问题，在 1948 年，申农发表了《通信的数学基础》一文，它正式奠定了现代信息论的基础。

申农第一次从理论上阐明了通信的基本问题是信息传输问题，并提出了通信系统的模型。他还创立了度量信息量的数学公式，并初步解决了如何从信息接收端提取信息源发来的信息的技术问题。申农还研究了如何充分利用信息传输道的信息容量，如何在有限的信息传输道中以最大的速率传递最大的信息量的基本途径。同时，他还初步解决了如何编译才能使信息源的信息充分表达，信息传输的容量被充分利用的问题。

申农创立信息论后，又与魏沃尔合作写了《信息论》一书。魏沃尔把通信问题分成三个方面：①技术问题，就是解决如何精确地传送通信符号；②语义问题，就是解决如何使传送的符号精确地表达语义；

趣味点击 申 农

申农（1916—2001）是现代通信理论信息论的创始人，是一位影响人类社会进程的科学家。

③有效性问题，就是解决怎样使收信者收到语义，按需要的方式有效地发挥作用。他认为申农的工作属于技术问题，并没有解决后两个问题。实际上，信息的传输几乎存在于一切过程之中。从此，信息论被各个学科领域所引进和应用。

信息产业

我们知道，信息、物质、能量是人类赖以生存和发展所不可缺少的三项基本资源，尤其是当今，随着科学技术的飞速发展，人类社会已经进入到信息化社会，信息已经成为现代社会的重要组成部分，是国民经济的重要支柱。对信息资源的开发和利用在很多国家已经成为一种产业——信息产业，并成为国民经济的一个重要增长点。

最早人们把计算机产业、信息处理产业和信息媒介产业合称为信息产业，后来有人把信息传播报道业、信息流通业、知识产业等也归到信息产业内。一般认为，信息产业主要包括以下几部分：

1. 计算机产业。从20世纪40年代电子管计算机的诞生，到今天超大规模集成电路计算机的问世，独立的计算机产业体系已经形成，并在国民经济中占有重要地位。

2. 软件产业。一般是指为有效地利用计算机而编制程序的产业，如程序编制业、数据库业、信息系统开发业等。

3. 信息传播媒介业（通信产业）。包括电话业、电报业、广播及电视业、数字通信业、光纤通信业、卫星通信业等。

4. 信息服务业。包括新闻

广角镜

情报业

情报业是指对情报进行科学地有组织地搜集、整理、加工、存储、检索、报道和研究，及时而准确地进行传播交流，以达到充分有效提供使用为目的的一种业务活动，亦称情报工作。

报道采访业、出版业、咨询业、情报业等。

当社会发展到现阶段，特别是在计算机得到普及和广泛应用、通信技术得到飞速发展时，计算机与通信技术相互渗透，促进了计算机网络的大发展，进一步推动了信息产业的突飞猛进，并使之成为国民经济的重要支柱产业。

▶ 人类的四次信息革命

人类文明发展史，悠久而漫长，到现在为止，它已经经历了四次信息革命，正处于第五次信息革命浪潮中。

第一次信息革命建立了语言。这是人类进化和文明发展的一个重要里程碑。语言的出现促进了人类思维能力的提高，并为人们相互交流思想、传递信息提供了有效的工具。

第二次信息革命创造了文字。用文字作为信息的载体，可以使知识、经验长期得到保存，并使信息的交流开始能够克服时间、空间的障碍，可以长距离地或隔代地传递信息。

报　纸

第三次信息革命发明了印刷术，产生了书刊报纸。这极大地促进了信息共享和文化普及。

第四次信息革命出现了电报、电话、电视等事物。1844 年 5 月 24 日，美国人莫尔斯通过实验线路发出了人类有史以来第一封电报。虽然这封电报的传输距离只有 40 英里（约 64 千米），但它标志着第四次信息革命开始了。此后，电信事业得到了飞速发展。电话、广播、电视等信息传播手段的广泛普及，已经使人类的经济和文化生活发生了革命性的变化。

而目前，人类正处在第五次信息革命浪潮中。第五次信息革命的标志是电子计算机的数据处理技术与新一代通信技术的有机结合。国际上把这样的系统称为综合业务数字网（ISDN）。

人类社会的第五次信息革命正在进行中，虽然还有许多技术问题有待突破，但仅从现有的进展来看，它已向世人展现了美妙的前景。

◑ 信息共享

在我们身边，常常可以看到各种各样的公告牌。我们可以从上边了解到一些信息，而其他人也同样可以获取同一个信息。这就是说，公告牌的某一个信息，绝不会成为某人获取的专利。也就是说，信息是可以共享的。

知识小链接

专 利

专利最初意为公开的信件或公共文献，是中世纪的君主用来颁布某种特权的证明，后来指一项发明创造的首创者所拥有的受保护的独享权益。专利是世界上最大的技术信息源，据实证统计分析，专利包含了世界科技信息的90% ~95%。

随着电子技术的迅猛发展，人们除了依靠报刊、杂志、图书、文件等传输信息以外，还可以借助电话、电报、电视、通信卫星、电视直播卫星、电脑网络等新载体，高效率地传输信息。

自20世纪90年代开始，人类逐步进入了一个以因特网为代表的崭新世界。因特网作为信息高速公路的先导，将全球亿万台各式各样的电脑，通过统一的技术规范相互连接在一起。

信息高速公路的开通，使人们可以更有效地利用信息，更加充分地共享信息资源。

现在，信息高速公路已"修筑"到世界上100多个国家与地区，已有数以亿计的用户与信息高速公路建立了业务联系。信息高速公路上的信息资源十分丰富，其中包括各种软件、数据、杂志、新闻、馆藏目录、技术文献、图片、声音以及活动图像等。用户可以把自己的资料加入进去，供其他用户使用。当然，用户既是信息的提供者，又是信息的消费者。每一个用户都能迅速处理、传递信息，又能最大限度地共享信息。

▶ 信息传输离不开载体

人类对信息的认识和利用，历史悠久，源远流长。多少年来，许多信息之所以能传播并保存下来，都依靠了某种载体。而从古到今，人类为了便于获取信息或相互交换信息，进行了五次信息变革，而每次信息变革又都产生了各自的载体。

第一次信息变革——获得了语言。在原始社会，我们的祖先通过手势、表情和简单的音节，相互间进行信息交流。人类发展到一定阶段以后，光靠手势和表情，已无法达到交流信息的目的，于是产生了语言。语言的产生，使人类获得了交流思想、传递信息的载体。

中国最早的文字——甲骨文

第二次信息变革——创造了文字（如中国的甲骨文）。生产的发展引起体力劳动和脑力劳动的分工，进而促进了文字的产生。文字是人类超地域、超时间传递和交换信息的一种载体。

第三次信息变革——造纸和印刷术的发明。在这以前，信息是用文字记录在甲骨、竹简或兽皮上的，保存和传递都十分不便。我国造纸术的发明，特别是活字印刷术的发明和使用，使人类进入了以印刷品为知识和信息基本来源的新时代，同时使人类获得了又一种信息载体。

知识小链接

甲骨文的由来

甲骨文是中国商代和西周早期（公元前16世纪—公元前10世纪）以龟甲、兽骨为载体的文献，是已知汉语文献的最早形式。刻在甲、骨上的文字早先曾称为契文、甲骨刻辞、卜辞、龟版文、殷墟文字等，现通称甲骨文。甲骨文献的内容涉及当时天文、历法、气象、地理、方国、世系、家族、人物、职官、征伐、刑狱、农业、畜牧、田猎、交通、宗教、祭祀、疾病、生育、灾祸等，是研究中国古代特别是商代社会历史、文化、语言文字的极其珍贵的第一手资料。

第四次信息变革——电报、电话与电视的应用。为了更多更快地掌握和传递信息，科学家们又开发了一种信息载体——电信。电信的开发和应用，进一步拓宽了信息传递的范围和内容——除了文字以外，还能传递声音和图像。

第五次信息变革——数字网络技术的应用。自20世纪初至90年代，通信的速度提高了1000万倍，记录信息的速度提高了100万倍。在这种情况下，单凭人类的自然智力来获得和加工信息已无法满足社会发展的要求，于是，电子计算机应运而生了。电子计算机的发明和应用，信息的数字化，极大地提高了信息传输的速度和可靠性。20世纪90年代，因特网的发展为人类认识和利用信息找到了一种新载体。因特网和信息高速公路出现后，人们获

基本小知识

电 信

电信是指利用电子技术在不同的地点之间传递信息。电信包括不同种类的远距离通信方式，例如：无线电、电报、电视、电话、数据通信以及计算机网络通信等。电信是信息化社会的重要支柱。无论是在人类的社会经济活动中，还是在人们日常生活的方方面面，都离不开电信这个高效、可靠的手段。

得信息就更方便了，利用信息的机会就更多了。

综上所述，正是上述这些载体，使人与人之间，甚至国家与国家之间能相互传递、交换信息，并使信息固定下来，代代相传。

◆ 信息化社会的特征

信息化社会指以信息技术为基础，以信息产业为支柱，以信息价值的生产为中心，以信息产品为标志的社会。

在农业社会和工业社会中，物质和能源是主要资源，所从事的是大规模的物质生产。而在信息社会中，信息成为比物质和能源更为重要的资源，以开发和利用信息资源为目的的信息经济活动迅速扩大，逐渐取代工业生产活动而成为国民经济活动的主要内容。

信息经济在国民经济中占据主导地位，并构成社会信息化的物质基础。以计算机、微电子和通信技术为主的信息技术革命是社会信息化的动力源泉。

一般来说，信息化社会主要有以下几个特点：

第一，社会上所有服务行业，如商业、金融、旅游、交通等都处于计算机网络服务之中。计算机网络化面向普通大众，即人人坐到计算机前，都能了解想要了解的来自世界各地的各种信息，得到想要得到的各种服务。例如，你可以通过操作计算机购物、学习等。

第二，人们的日常生活离不开计算机。家中各种电器都已计算机化或纳入计算机控制，你可以在遥远的地方通过电话来控制家中的各种电器，它们甚至还可以为你准备一份美味的晚餐。人们的日常生活也无时无处不受到计算机的制约。

第三，人们可以获得的信息量大幅增长。信息量虽然增多，但由于个人能够用来阅读、考虑和理解信息的时间并未相应增多，因此采用目前的手段显然无法处理这么多的信息。失去控制和无组织的信息在信息社会里不会构成资源，却成为信息工作者的障碍。信息技术的发展，使使用者可以方便地找到所需要的信息。这样，整个信息社会所强调的重点便可从供应转到选择。

第四，"信息丰富"与"信息贫乏"之间的鸿沟正在加宽，社会需要大量有文化、有技术的劳动者，对无技术或半熟练工的需求正在减少。

第五，经济越来越以信息业为基础。从事收集、处理、储存和检索资料的人比受雇于农业和制造业的人还要多。技术的发展已经使得产品的产量有可能按指数级增加，而投入的资本、劳动力与能量却要少得多。这标志着经济已摆脱了传统的发展模式。

总之，信息化社会中无处不在的计算机和通信技术，将极大地改变人们的生活方式，给人类带来巨大变化。

信息革命的利弊

人类历史上技术的几次大变革都引发了产业结构的变革，从而使人们的工作方式和分工随之发生变化。比如，农业技术革命使女人采果男人狩猎变成了男耕女织；近代工业革命，促使了产业工人的出现；现代信息产业的发展，同样将影响人类的职业结构。对于这种影响，有人悲观有人乐观。

悲观主义者认为，信息技术将排挤就业。早在20世纪80年代中期，美国《新闻周刊》就估计，1980年美国就业人数占总劳动力的28%，而到2000年，降至11%，到2030年更降至3%。许多传统职业正在消失或萎缩，比如挤牛奶、打铁等，而信息革命带来的新职业的就业人数，却远远少于减少的就业人数。进一步讲，新增的职业往往对知识的要求相对更高，很难完全吸纳从旧行业退下来的失业者。20世纪90年代初，英国政府为提高印刷行业的质量和效率，准备大力推广新型的电子印刷设备，结果工会组织大规模游行示威，经过拉锯式谈判，工人战胜了新机器。一时的风波虽然平息了，以后怎么办？面对迟早来临的失业危机，普通工人们不可能总是这么幸运。

乐观主义者认为，信息革命的影响是利大于弊。首先，影响是渐进的，不会突发性地造成大量职业消失。从三大部门看：农业自动化从技术并不太遥远，但农业的就业弹性也大；工业受了自动化技术较大的影响；在第三产业中，自动化刚刚起步，要相当长一段时间后才会影响广泛。而发达国家中恰恰第三产业是就业人数最多、发展最快的部门，所以只要信息革命不涤荡第三产业，悲观者所估计的大规模失业就不会出现。第二，信息技术将形成的新行业、新产业带动能力比老产业强，所以虽然职业名称少了，但社会总就业量却扩大了。

拓展阅读

就业弹性

就业弹性是经济增长每变化一个百分点所对应的就业数量变化的百分比。就业弹性的变化决定于经济结构和劳动力成本等因素。一定数量的劳动力就业所需要的资本投入和劳动力成本构成就业的单位成本。如果经济结构中小企业、服务业等劳动密集型经济所占比例较大，资本比例较低，就业成本相对就低，就业弹性就高。在经济增长速度相对稳定的前提下，保持较高就业弹性对于就业和再就业增长更具现实意义。

信息技术的渗透，导致了人们职业取向的转变。专家们曾预计，信息服务业将会是未来最大的产业。目前，美国的全部就业者中，已经有 55% 以上从事信息工作，超过了矿山、农业和制造业的就业总和。随着社会的发展，总是该有些职业要消亡、有些又必然新生的，这是社会新陈代谢的普遍规律。

计算机——信息化的基石

计算机从产生到现在，每次的发展就是我们科学史上的一次革命。我们不断地走在科学的前沿，用智慧的头脑探索着信息技术的发展。我们的科学家们创造出了一代计算机、二代计算机……一直到我们今天的光脑。在这个过程中充满了新奇，也充满了曲折，本章将带你走进计算机的发展史。

计算机的发展

算 盘

早在公元前 5 世纪，中国人就发明了算盘，并将其广泛应用于商业贸易中。算盘也被认为是最早的计算工具，一直使用至今。

计算设备有了第二次重要的进步是在 17 世纪。1642 年，法国人布莱士·帕斯卡发明了自动进位加法器。1694 年，德国数学家莱布尼茨改进了自动进位加法器，使之可以计算乘法。后来，一位法国人发明了可以进行四则运算的计算器。

现代计算机的真正起源来自英国数学教授查尔斯·巴贝奇。查尔斯·巴贝奇发现通常的计算设备中有许多错误，在剑桥学习时，他认为可以利用蒸汽机进行运算。起先他设计差分机用于计算导航表，后来，他发现差分机只是用于专门用途的机器，于是放弃了原来的研究，开始设计包含现代计算机基本组成部分的分析机。

拓展阅读

穿孔卡片

穿孔卡片是一种由薄纸板制成，用孔洞位置或其组合表示信息，通过穿孔或轧口方式记录和存储信息的方形卡片，是手工检索和机械化情报检索系统的重要工具。穿孔卡片可应用于产品、材料、情报资料的管理和索引编排等方面，但亦有较大局限性，如信息存储量小、代码容量有限、检索操作速度较慢、卡片易损坏等。随着计算机在数据处理和情报检索中的成功应用，穿孔卡片已被磁性信息载体所取代，只有机器穿孔卡片仍作为计算机输入数据的一种手段继续使用着。

查尔斯·巴贝奇的蒸汽动力计算机虽然最终没有完成，并且以今天的标准看非常原始，然而，它勾画出了现代通用计算机的基本功能部分，在概念上是一个突破。

在接下来的若干年中，许多工程师在另一些方面取得了重要的进步。美国人赫尔曼·霍尔瑞斯（1860—1929），根据提花织布机的原理发明了穿孔卡片计算机，并带入商业领域建立公司。

到目前为止，计算机的发展共经历了四个时代。

◎ 第一代电子管计算机(1945—1956)

在第二次世界大战中，美国政府寻求计算机以开发潜在的战略价值。这促进了计算机的研究与发展。1944 年，霍华德·艾肯（1900—1973）研制出全电子计算器，为美国海军绘制弹道图。这台简称 Mark I 的机器有半个足球场大，内含约 805 千米的电线，使用电磁信号来移动机械部件，速度很慢（3~5 秒一次计算）并且适应性很差，只能用于专门领域，但是，它既可以执行基本算术运算也可以运算复杂的等式。

20 世纪 40 年代中期，冯·诺依曼（1903—1957）参加了宾夕法尼亚大学的小组，1945 年设计电子离散变量自动计算机 EDVAC，将程序和数据以相同的格式一起储存在存储器中，这使得计算机可以在任意点暂停或继续工作。该机器结构的关键部分是中央处理器，它使计算机所有功能通过单一的资源统一起来。

1946 年 2 月 15 日，标志着现代计算机诞生的 ENIAC 在费城正式对外公布。ENIAC 代表了计算机发展史上的里程碑，它通过不同部分之间的重新

世界上第一台大型计算机 ENIAC

接线编程，还拥有并行计算能力。ENIAC 由美国政府和宾夕法尼亚大学合作开发，使用了 18000 个电子管，7 万个电阻器，有 500 万个焊接点，耗电160 千瓦，其运算速度比 Mark Ⅰ 快 1000 倍，ENIAC 是第一台普通用途计算机。

知识小链接

电 阻 器

电阻器在日常生活中一般直接称为电阻。它是一个限流元件，将电阻接在电路中后，它可限制通过它所连支路的电流大小。阻值不能改变的称为固定电阻器；阻值可变的称为电位器或可变电阻器。

◎ 第二代晶体管计算机(1957—1964)

第二代晶体管计算机

1948 年，晶体管的发明代替了体积庞大的电子管，电子设备的体积不断减小。1956 年，晶体管在计算机中使用，晶体管和磁芯存储器导致了第二代计算机的产生。第二代计算机体积小、速度快、功耗低、性能更稳定。1960 年，出现了一些成功地用在商业领域、大学和政府部门的第二代计算机。第二代计算机用晶体管代替电子管，还有现代计算机的一些部件：打印机、磁带、磁盘、内存、操作系统等。计算机中存储的程序使得计算机有很好的适应性，可以更有效地用于商业用途。在这一时期出现了更高级的 COBOL 和 FORTRAN 等语言，使计算机编程更容易。新的职业（程序员、分析员和计算机系统专家）和整个软件产业由此诞生。

电子管

电子管是一种最早期的电信号放大器件。早期它被应用在电视机、收音机等电子产品中，近年来逐渐被半导体材料制作的放大器和集成电路所取代。

◎ 第三代集成电路计算机(1965—1972)

1958 年美国德州仪器的工程师杰克·基尔比发明了集成电路（IC），将三种电子元件结合到一片小小的硅片上。

1965 年到 1970 年，集成电路被应用到计算机中来，因此这段时期被称为"中小规模集成电路计算机时代"。集成电路是做在晶片上的一个完整的电子电路，这个晶片比手指甲还小，却包含了几千个晶体管元件。第三代计算机的特点是体积更小、价格更低、可靠性更高、计算速度更快。第三代计算机的代表是 IBM 公司花了 50 亿美元开发的 IBM 360 系列。

广角镜

电子元件

电子元件是组成电子产品的基础，了解常用的电子元件的种类、结构、性能并能正确选用是学习、掌握电子技术的基本。常用的电子元件有：电阻、电容、电感、电位器、变压器、三极管、二极管、IC 等，就安装方式而言，目前可分为传统安装（又称通孔安装，即 DIP）和表面安装两大类（又称 SMT 或 SMD）。

◎ 第四代大规模集成电路计算机(1972—现在)

大规模集成电路（LSI）可以在一个芯片上容纳几百个元件。到了 20 世纪 80 年代，超大规模集成电路（VLSI）在芯片上容纳了几十万个元件，后来的（ULSI）将数字扩充到百万级。可以在硬币大小的芯片上容纳如此数量的元件，使得计算机的体积不断缩小，价格不断下降，而功能和可靠性却不断增强。

第四代个人计算机

20 世纪 70 年代中期，计算机制造商开始将计算机带给普通消费者。这时的小型机带有友好界面的软件包，供非专业人员使用的程序和最受欢迎的文字处理与电子表格程序。

1981 年，IBM 推出个人计算机（PC）用于家庭、办公室和学校。20 世纪 80 年代，市场的竞争使得个人计算机价格不断下跌，个人计算机的拥有量不断增加，计算机继续缩小体积。与 IBM PC 竞争的 Apple Macintosh 系列于 1984 年推出，Macintosh 提供了友好的图形界面，用户可以用鼠标方便地操作。

个人计算机的出现，标志着人们对计算机不再陌生，计算机开始深入到人类生活的各个方面。

知识小链接

IBM

IBM 是国际商业机器公司或万国商业机器公司的简称。总公司在纽约州阿蒙克市，1911 年创立于美国，是全球最大的信息技术和业务解决方案公司，业务遍及 160 多个国家和地区。该公司创立时的主要业务为商用打字机，随后转为文字处理机，然后到计算机和有关服务。IBM 为计算机产业长期的领导者，在大型机、小型机和便携机方面的成就最为瞩目。其创立的个人计算机（PC）标准，至今仍被不断地沿用和发展。

计算机硬件

一般来说，任何一台计算机都是由硬件与软件组成的。所谓硬件，就是电子计算机系统中所有实体部件和设备的统称。从基本结构上来讲，计算机硬件可以分为五大部分：运算器、存储器、控制器、输入设备、输出设备等，这五大部分又具体包括主板、CPU、内存、电源、显卡、声卡、网卡、硬盘、软驱、光驱、显示器、键盘、鼠标等设备。

下面就让我们认识一下这些设备。

◎ 主 板

主板又叫主机板、母板，其英文名是 Mainboard 或 Motherboard，它是计

计算机主板

算机系统中最大的一块电路板，也是计算机最重要的部件之一，它的类型和档次决定整个计算机系统的类型和档次。它可分为 AT 主板和 ATX 主板。主板是由各种接口、扩展槽、插座以及芯片组成。其作用是为微机系统中的 CPU、内存条、图形卡等部件建立可靠、正确的安装、运行环境，为各种 IDE 接口存储以及其他外部设备提供方便、可靠的连接接口。

计算机的 CPU

◎ CPU

CPU 全称为 Central Processing Unit，中文名为中央处理器，它是

计算机最重要的部件之一，是一台电脑的核心，相当于人的大脑。它的内部结构分为控制单元、逻辑单元和存储单元三大部分。CPU 的接口标准分为两大类：一种是 Socket 类型，另一种是 Slot 类型。它的主要性能指标有：主频、前端总线频率、L1 和 L2 Cache 的容量和速率、支持的扩展指令集、CPU 内核工作电压地址总线宽度等。

拓展阅读

ROM 和 RAM 的区别

ROM 和 RAM 是计算机内存储器的两种型号，ROM 表示的是只读存储器，它只能读出信息，不能写入信息，计算机关闭电源后其内的信息仍旧保存，一般用它存储固定的系统软件和字库等。RAM 表示的是读写存储器，可在其中的任一存储单元进行读或写操作，计算机关闭电源后其内的信息将不在保存，再次开机需要重新装入，通常用来存放操作系统、各种正在运行的软件、输入和输出数据、中间结果及与外存交换信息等，我们常说的内存主要是指 RAM。

◎ 内 存

内存泛指计算机系统中存放数据与指令的半导体存储单元。按其用途可分为主存储器和辅助存器。按工作原理分为 ROM 和 RAM。内存是 CPU 处理信息的地方，它的计算单位是兆字节（MB），即 Million Bytes。1 个字节又由 8 位二进制数（0、1）组成。存储 1 个英文字母需要占用 1 个字节空间。而存储 1 个汉字则需占 2 个字节的空间。

你知道吗

二进制

二进制是计算技术中广泛采用的一种数制。二进制数据是用 0 和 1 两个数码来表示的数。它的基数为 2，进位规则是"逢二进一"，借位规则是"借一当二"，由 18 世纪德国数理哲学大师莱布尼茨发现。当前的计算机系统使用的基本上是二进制系统。

◎ 光盘驱动器

光盘驱动器就是我们平常所

说的光驱，它是读取光盘上数据的一种工具。随着多媒体应用越来越广泛，光驱已成为计算机诸多配件中的标准配置。

◎ 软 驱

软盘驱动器就是我们平常所说的软驱，它是读取软盘上数据的一种工具。现在几乎都已经被淘汰。

◎ 硬 盘

硬盘，英文名称是 Hard Disk，它是计算机系统的重要存储设备，它的性能直接影响计算机的整体性能。硬盘是一种固定的存储设备，它是由若干个钢性磁盘片组成，其特点是速度快、容量大、可靠性高、几乎不存在磨损问题。目前常见的硬盘接口有两种，IDE 接口和 SCSI 接口。

计算机硬盘

◎ 声 卡

声卡是多媒体电脑的主要部件之一，它包含记录和播放声音所需的硬件。声卡的种类很多，功能也不完全相同，但它们有一些共同的基本功能：能录制语音和音乐，能选择以单声道或双声道录音，并且能控制采样速率。声卡上有数模转换芯片（DAC），用来把数字化的声音信号转换成模拟信号；同时还有模数转换芯片（ADC），用来把模拟声音信号转换成数字信号。声卡上有音乐数字接口（MIDI），能使用 MIDI 乐器，诸如钢琴键、合成器和其他 MIDI 设备。声卡有声音混合功能，允许控制声源和音频信号的大小。好的声卡能对低音部分和高音部分进行控制。声卡上还有一个或几个 CD 音频输入接口，用以接收 CD – ROM 的声音采集信号。根据总线的不同，声卡分为 ISA 声卡和 PCI 声卡两种。

◎ 显　卡

显卡是显示器与主机通信的控制电路和接口，其作用是将主机的数字信号转换为模拟信号，并在显示器上显示出来。显卡的基本作用就是控制图形的输出，它是连接显示器和电脑主板的重要元件。它的主要部件有：显示芯片、RAMDAC、显示内存、VGA 插座、特性连接器

计算机显卡

等。显卡有三项重要指标：刷新频率、分辨率、色深。从总线类型分，显卡有 ISA、VESA、PCI、AGP 四种。

◎ 显示器

显示器，英文名称为 Monitor，是计算机的主要输出设备。根据显像原理划分，显示器可以分为 CRT 显示器（阴极射线管显示器）、LCD 显示器（液晶矩阵平面显示器）和 DDP 显示器（等离子显示器）等。显示器由监视器和显示适配器两部分组成。

液晶显示器

◎ 键　盘

键盘，英文名称为 Keyboard，是最常用也是最主要的输入设备，通过键盘，可以将英文字母、数字、标点符号等输入到计算机中，从而向计算机发出命令、输入数据等。自 IBM PC 推出以来，键盘经历了 83 键、84 键、101 键和 102 键，Windows 95 面世后，在 101 键盘的基础上改进成了 104 和 105 键盘，增加了两个 Windows 按键。为了使人操作电脑更舒适，于是出现了"人

体键盘"，它符合人两手的摆放姿势，操作起来就特别的轻松。

计算机键盘

◎ 鼠 标

鼠标，英文名称为 Mouse，它最早应用于苹果电脑。随着 Windows 操作系统的流行，鼠标变成了必需品，更有些软件必须要安装鼠标才能运行。从接口来讲，鼠标有两种类型：PS/2 型鼠标和串行鼠标。从鼠标的构造来讲，有机械式和光电式。光电鼠标是利用光的反射来确定鼠标的移动，鼠标内部有红外光发射和接收装置，要让光电式鼠标发挥出强大的功能，一定要配备一块专用的感光板。光电鼠标的定位精度要比机械鼠标高出许多。另外鼠标还有单键、两键和三键之分，苹果电脑通常都使用单键鼠标，两键鼠标通常叫做 MS 鼠标，三键鼠标叫做 PC 鼠标。但鼠标采用两键或三键主要决定于软件。

计算机鼠标

◀ 计算机操作系统

操作系统英文名称为 Operating System，简称 OS，是管理电脑硬件与软件资源的程序，同时也是计算机系统的内核与基石。

操作系统负责管理与配置内存、决定系统资源供需的优先次序、控制输入与输出设备、操作网络与管理文件系统等基本事务。操作系统管理计算机系统的全部资源，包括硬件、软件资源及数据资源；控制程序运行；改善人机界面；为其他应用软件提供支持等，使计算机系统所有资源最大限度地发挥作用，为用户提供方便的、有效的、友好的服务界面。

操作系统是一个庞大的管理控制程序，大致包括五个方面的管理功能：进程与处理机管理、作业管理、存储管理、设备管理、文件管理。

目前微机上常见的操作系统有 DOS、UNIX、Linux、Windows 等。但所有的操作系统都具有并发性、共享性、虚拟性和不确定性四个基本特征。

操作系统理论是计算机科学中一个历史悠久而又活跃的分支，而操作系统的设计与实现则是软件工业的基础与内核。

◆ 计算机软件

计算机软件是指计算机系统中的程序及其文档。程序是计算任务的处理对象和处理规则的描述；文档是为了便于了解程序所需的阐明性资料。程序必须装入机器内部才能工作，文档一般是给人看的，不一定装入机器。

软件是用户与硬件之间的接口界面。用户主要是通过软件与计算机进行交流。软件是计算机系统设计的重要依据。为了方便用户，为了使计算机系统具有较高的总体效用，在设计计算机系统时，必须通盘考虑软件与硬件的结合，以及用户的要求和软件的要求。

计算机软件总体分为系统软件和应用软件两大类：系统软件是各类操作系统，如 Windows、Linux、UNIX 等，还包括操作系统的补丁程序及硬件驱动程序，都是系统软件类；应用软件可以细分的种类就更多了，如工具软件、游戏软件、管理软件等都属于应用软件类。

计算机软件都是用各种程序设计语言编写的。最底层的叫机器语言，它由一些 0 和 1 组成，可以被某种电脑直接理解，但人就很难理解。上面一层叫汇编语言，它只能由某种电脑的汇编器软件翻译成机器语言程序，才能执行。人能够勉强理解汇编语言。人常用的计算机语言是更上一层的高级语言，比如 C 语言、Java 语言等。这些语言编写的程序一般都能在多种电脑上运行，但必须先由一个叫作编译器或者是解释器的软件将高级语言程序翻译成特定的机器语言程序。

基本小知识 👆

编译器

　　编译器就是将高级语言翻译为机器语言的程序。一个现代编译器的主要工作流程：源代码→预处理器→编译器→汇编程序→目标代码→链接器→可执行程序。

　　没有软件的计算机，也叫"裸机"，可以说是废铁一堆。计算机软件是计算机的灵魂，是计算机应用的关键。如果没有适应不同需要的计算机软件，人们就不可能将计算机广泛地应用于人类社会的生产、生活、科研、教育等几乎所有领域，计算机也只能是一具没有灵魂的躯壳。目前以信息技术、信息产业为代表的高新技术日益引起人们的关注，成为新的经济增长点。计算机软件技术作为信息技术的基础之一，已成为信息产业的主要组成部分。

➡ 个人电脑的诞生

　　个人电脑，英文全称为 Personal Computer。早期的电子计算机都是庞然大物，种种原因使它们无法进入家庭。微处理器的产生，使体积小、售价低廉的微型机得到发展，个人使用计算机才由梦想变成了现实。

　　1981 年，当时的微处理器系列产品已发展到包括 16 位的 8086 和 8 位的 8088 微处理器的大家族，这两种芯片的功能在当时看来如此完美，以至于仅在一年之中，在它们的基础上，就有了 2500 例的计算机设计。而真正意义上的第一台个人电脑是由 IBM（国际商业机器公司）设计出的。

当时，IBM 决定选用英特尔的 8088 处理器做为其第一代个人电脑的神经中枢，IBM 的决定后来给英特尔带来了巨大成功。为 IBM 该项目工作的销售工程师回忆到：当时，年生产 1 万台已相当可观，没人能设想 PC 产业会发展成现在这样的规模——年产几千万台。

广角镜

微 软

微软公司是世界个人计算机软件开发的先导，由比尔·盖茨与保罗·艾伦创建于 1975 年，总部设在华盛顿州的雷德蒙市（邻近西雅图）。目前是全球最大的电脑软件提供商。

IBM 堪称是早期个人电脑的航空母舰，现在计算机业的两大巨头微软和英特尔都是搭载着它起家的。

1982 年，英特尔公司推出了 286 芯片。由于安装了 134000 个晶体管，它的性能是当时的 16 位微处理器性能的 3 倍。以单片存储器管理为特征的 286，是第一代能与其先前产品的软件兼容的微处理器。这个革命性的芯片开始时是用于 IBM 的 PC – AT 型号上的。

1991 年，以 1486TM 微处理器为基础的个人电脑问世，其性能与价格比在当时看来，已经是了不得的好事。

后来，随着大批量高性能奔腾处理器的上市，微处理器的性能得到进一步提高，而价格反而进一步降低了。正如摩尔先生指出的那样，"如果汽车工业能像半导体工业那样迅速地发展，一辆劳斯莱斯耗去每加仑（约 4.5 升）油就该行驶 50 万英里（约 80 万千米）。如果是那样的话，弃车将比把车放在停车场更合算。"

第一代个人电脑引发了一场计算机革命，今天，个人电脑已经飞入了寻常百姓家。个人电脑变得越来越好用，一个使用装有双核处理器的个人电脑的小孩也可以拥有强大的计算能力，完全可以超过十年前一名主机操作员所能达到的计算能力，甚至超过了美国首次将人送上月球所使用的计算机的能力。

个人电脑使计算机在世界范围内得以普及，现在，很多人相信技术、修养的高低将决定未来几代人的生存。人们的生计将取决于他们通过个人电脑收集、处理和散发信息的能力。个人电脑作为交流设备的最佳选择，它正在崛起的地位将给现代生活带来革命。微处理器的发明人霍夫说："信息就是力量，我喜欢微处理器将这种力量到处传播的方式。"

个人家用电脑

➡ 第五代计算机

第五代计算机是一种更接近人类的人工智能型计算机。它能理解人的语言、文字和图形，人无需编写程序，依靠讲话就能对计算机下达命令，驱使它工作。它能将一种知识信息和与之相关联的其他知识信息连贯起来，形成一个对某一知识领域相当了解的专家系统，成为人们从事各方面工作的得力助手和参谋。第五代计算机还是能"思考"的计算机，能帮助人们进行推理和判断，具有逻辑思维能力。它在理论和工艺技术上与现在的计算机也有根本不同，它能提供更为先进的功能，以摆脱传统计算机的技术限制，为人类进入信息化社会提供一种强有力的、不可替代的工具。

1981 年 10 月，日本首先向世界宣告开始研制第五代计算机，并于 1982 年 4 月制订为期 10 年的"第五代计算机技术开发计划"，总投资为 1000 亿日元。

第五代计算机基本结构通常由问题求解与推理、知识库管理和智能化人机接口三个基本子系统组成。

问题求解与推理子系统相当于传统计算机中的中央处理器。与该子系统打交道的程序语言称为核心语言，国际上都以逻辑型语言或函数型语言为基础进行这方面的研究，它是构成第五代计算机系统结构和各种超级软件的基础。

拓展阅读

函数型语言

函数型语言，说起来应该是人民群众喜闻乐见的一种语言，为什么反而现在大家都不知道了呢？罪魁祸首就是 C、C＋＋、Java、Basic 这类语言了。CS 上称这类语言为 imperative language，就是指令型语言，因为它们都是按照现在冯·诺依曼体系的计算机的工作方式来设计运行的。

知识库管理子系统相当于传统计算机主存储器和虚拟存储器等系统。与该子系统打交道的程序语言称为高级查询语言，用于知识的表达、存储、获取和更新等。这个子系统的通用知识库软件是第五代计算机系统基本软件的核心。通用知识库包含有：日用词法、语法、语言字典和基本字库常识的一般知识库；用于描述系统本身技术规范的系统知识库以及把某一应用领域，如超大规模集成电路设计的技术知识集中在一起的应用知识库。

智能化人机接口子系统是使人能通过语言、文字、图形和图像等与计算机对话，用人类习惯的各种可能方式交流信息。这里，自然语言是最高级的用户语言，它使非专业人员能够操作计算机，并为其从中获取所需的信息提供可能。

现在，计算机、网络、通信技术已经三位一体化，未来的计算机将把人从重复、枯燥的信息处理中解脱出来，从而改变我们的工作、生活和学习方式，给人类社会拓展了更大的生存和发展空间。第五代计算机是为适应未来社会信息化的要求而提出的，与前四代计算机有着本质的区别，是计算机发展史上的一次重要变革。

❽ 第六代计算机

第六代计算机又称"神经计算机"。

许多年以来，人们把电子计算机称为电脑，其实是名不副实的。尽管当今电子计算机已具有惊人的计算速度和存储信息的能力，但论其"智力"，与人脑相比它却是一个不折不扣的"傻瓜"。一个五岁的孩子就能辨认周围每个不同人的面孔，对于穿越马路这样的事也能很快做出判断，避免与来往车辆相撞。然而，这些事情如果让电子计算机来做，哪怕用上亿次巨型机，其所需要的计算的数量，用打印纸足足可以排满近 70 万平方千米。由此可见，电子计算机与人脑的神经网络相比显得太不中用了。

美国前总统里根的科学顾问、白宫科技办公室主任乔治·基沃恩在谈到电脑前景时，一针见血地指出："目前电脑的王牌是每秒可进行上百亿次浮点操作的巨型超级计算机，但它的基本概念和计算方法与 20 世纪 40 年代的计算机并没有多大区别。它所具有的本领只是已输入知识的总和。人脑远比电脑聪明，尽管计算速度不如电脑，但运算法则要先进得多。要创造性发展电脑，就必须要了解人脑。"

因此，许多科学家都把人脑当成了研究对象，并通过多年来的探索研究，得到了许多有益的启示，提出了种种设想。

第一，科学家发现，人脑的神经系统是一种分布存储方式，数量庞大的信息被存储在许多不同的地方，而不是每一个地方各存放一点信息。

第二，科学家还发现，大脑中的神经元（又称神经突）之间的连接部分也用于存储信息。

第三，科学家又发现，人脑里的信息是由数字信号和模拟信号混合组成的。人脑能够用不太高的精确度进行极复杂的计算。

这些是人脑比电脑更高明的主要方面。为此，科学家们开始进行一系列模拟人脑功能的尝试。科学家指出，工作速度在每秒万亿次以上的"神经计算机"将成为计算机的发展趋势，它的构成原理和功能特点与当今电脑完全不同，具有并行处理、分布式存储以及自适应等特点。

经过一系列的试验，科学家们得出结论，采用目前的电子方法和元器件无法构成如此复杂的"神经计算机"，必须要应用诸如光学方法和神经器件等崭新技术手段。开发新一代生物芯片、神经芯片等超级集成元器件，是研制"神经计算机"的第一步。

生物芯片实际上是一种运用基因工程技术制造的蛋白质分子。科学家的研究结果表明，在一些半醌类有机化合物和蛋白质分子中的氢具有"开"和"关"的电气性能，可以用来制造类似半导体电路的计算机芯片。这种生物芯片的集成度要比半导体集成电路高数百亿倍，且不依靠电子传递信息，而是依靠波的方式来传播。因而，从根本上解决了半导体集成电路因集成度过高会造成过热的难题。

1994年11月，美国南加利福尼亚大学伦纳德·艾德曼教授利用生物芯片研制的电脑首次向世人公开。这个被称为生物计算机的电脑，其运算过程是通过一系列生物化学反应来实现的。构成逻辑判断装置的生物芯片则是由脱氧核糖核酸材料制成的。据电脑权威人士宣称，生物芯片的成功出世为通向"神经计算机"的道路扫除了一大障碍。

神经芯片也是电脑科学家追踪的目标之一。这种芯片主要是用诸如非晶硅高效光电导薄膜、铁电液晶体、导电聚酰亚胺薄膜等光学材料制成的，通过它们可以产生一个与接收到的光信号强度成正比例的电动势。芯片中利用光信号来传递信息，由于光信号十分容易被处理成若干个平行光束，因此可以同时快速处理众多的信息。这样，神经芯片的功能就十分接近于大脑中的神经元。日本三菱电机公司于1991年9月率先制成世界上第一个光神经芯片。这种芯片具有学习和记忆功能，其学习速度可高达800亿次每秒，可用于解决诸如图像识别、控制、预测等当今电脑难以应付的复杂计算问题。

作为现代高新技术的一个重要组成部分，"神经计算机"正向我们展示一个精彩纷呈的世界。

量子计算机

自从 1958 年世界上出现第一块半导体平面集成电路至今，微电子技术以震惊世人的速度发展着，元器件的集成度越来越高，其结构特征也越来越趋于微型化，由此而发展的微电子微细加工技术已成了提高集成度和半导体存储器密度的关键技术之一，也是人类迄今为止所能达到的精度最高的加工技术。权威人士认为，尽管在每个芯片上集成数十亿个元器件的目的可以实现，但微型化已趋近极限。如再要小下去，已超越微电子技术理论的宏观极限。因此要支撑计算机的继续发展，就需要另辟蹊径。

21 世纪初大量实验事实表明，电子与光子一样，不仅具有粒子性，同时还具有波动性，即所谓的波粒二象性。当电子所处的空间较大时（例如一般的集成电路线路），波动的性质可以忽略，电子可以作为粒子看待。当电子所处的空间很小时，例如，线宽在 0.1 微米以下（已接近目前集成电路线宽的极限）时，电子就会表现出明显的波动性，这种波动性所表现出来的种种现象就是量子效应。利用量子效应所制作的元器件就是量子器件。

量子器件不仅体积小，而且工作原理和现有的半导体电子器件完全不一样。迄今为止，各种硅半导体电子器件都是通过控制电子的数目来实现信息处理的。例如，开关元件通过有无电子流来控制电路的通、断，或表示状态"1"或"0"；放大元件是控制所通过电子的多少来实现放大功能的。

然而，量子器件不单纯通过控制电子数量的变化，而主

趣味点击   粒子性

到目前为止，人们只知道光是一种电磁波，它与带电粒子相互作用时会表现出一种能量、动量的不连续性，通常称之为粒子性。

要是通过控制电子波动的相位来进行工作的，它能实现更高的响应速度和更低的电力消耗。因此，量子器件的出现，人们就有可能研制出比现有最小的电子器件还要小的、由单个电子构成的元器件。据报道，美国威斯康星大学的材料科学家根据量子力学理论已制造出了一些可容纳单个电子的被称为量子点的微小结构。这种量子点非常微小，在一个针尖上就可容纳几十亿个。这将为制造更微型化的微处理器和更高容量的存储器开拓了美好的前景。科学家认为，量子力学的理论将会对整个电子工业产生重大的影响，其影响之一就是产生了量子计算机。

所谓量子计算机，是指建立在量子力学理论基础上的计算机，它有两个含义：一是指它所用的微处理器是一种量子器件；二是指它的计算过程将利用量子力学理论。

知识小链接

量子力学

量子力学是研究微观粒子的运动规律的物理学分支学科，它主要研究原子、分子、凝聚态物质，以及原子核和基本粒子的结构、性质的基础理论，它与相对论一起构成了现代物理学的理论基础。

量子计算机除了所用的器件同现在的计算机不同外，其工作原理也不一样，且可以快速完成复杂的计算任务。如要对一个巨大的数进行因子分解，使用现在的计算机时，不仅需要完成大量的除法操作，且操作次数会迅速呈指数上升，而量子计算机却可迅速完成这一工作。

但是迄今为止，世界上还没有真

量子计算机

正意义上的量子计算机。但是，世界各地的许多实验室正在以巨大的热情追寻着这个梦想。研究量子计算机的目的不是要用它来取代现有的计算机。量子计算机使计算的概念焕然一新，这是量子计算机与其他计算机如生物计算机等的不同之处。

◢ 光　脑

光脑是由光导纤维与各种光学元件所制成的计算机，利用了光的传播速度比电子速度快的原理。它不像普通电脑靠电子在线路中的流动来处理信息，而是靠一小束低功率激光进入由反射镜和透镜组成的光回路来进行"思维"的，但同样具有存储、运算和控制等功能。早在 20 世纪 50 年代，人们就开始了制造光计算机的尝试，直到 20 世纪 80 年代中后期才有了决定意义的突破。20 世纪 90 年代中期，世界上第一台光脑已由英国、法国、比利时、德国、意大利等 70 多位不同国籍的科学家研制成功。

要知道光脑为什么要优于传统的电脑，首先还要从光的特性谈起。作为信息媒质的光，从信息处理的角度看，通常具有三大特点：

1. 频域宽。光的频率比电波高很多，所以信息传送容量也要大得多。另外，通过偏光和空间多重化，还可以使这一频域拓宽。

2. 无感应。在以前的配线技术中，随着配线的密度提高和频率提高，串音现象很严重。这也是决定电子器件安装密度界限的一个重要因素。使用光时，这

预计取代电脑的光脑

种感应的噪声可以减到非常小。

3. 相互连接的柔软性。通常，电信号用带有地线的线路传送。这种线路存在阻抗，因而规定了信号传播速度。此外，各元件之间的阻抗必须匹配。可是，光可以在自由空间或电介质波导中传播，不存在阻抗的匹配问题，特别是在自由空间传播时，相互连接的并行化很容易。由于以上原因，光计算机和以电子作为信息传输媒质的传统计算机有很大差别，使得利用光技术的信息处理方法受到了人们的关注。除此之外，用光传送信息不仅具有卓越的能力，而且它的切换和运算元件的响应速度也都很快。

你知道吗

感光材料

感光材料是指一种具有光敏特性的半导体材料，因此又称之为光导材料或是光敏半导体。目前复印机上常用的感光材料有：有机感光鼓（OPC）、无定形硅感光鼓、硫化镉感光鼓和硒感光鼓。

除了上述光的特性决定了光脑优于传统电脑以外，更为重要的是光脑的许多关键技术，如光存储技术、光互连技术、光电子集成电路等都已获得突破。

在光存储方面，由于未来计算机所要求的容量将大大超出现有 CD – ROM 或磁盘的容量，因而人们对采用光记录技术的全息方式寄予了很大的希望。全息数据存储器在读写数据块中都用到了激光技术，或者说是将数据"分页"到感光材料中。光互连技术是从光计算机的研制过程中衍生出来的，

拓展阅读

摩尔定律

摩尔定律是由英特尔的创始人之一戈登·摩尔提出来的。其内容为：当价格不变时，集成电路上可容纳的晶体管数目，约每隔18个月便会增加一倍，性能也将提升一倍。换言之，每一美元所能买到的电脑性能，将每隔18个月翻两倍以上。这一定律揭示了信息技术进步的速度。

现已初步发展成为一门独立的网络通信技术。光电子器件的发展对于光计算机起着举足轻重的作用。目前，光电转换器件及电光转换器件的研制已比较成熟，并且能够满足实用化的需求。

随着技术发展，传统电子计算机的体积和速度不断逼近理论上限，"集成电路集成度约每 18 个月翻一番"的摩尔定律终将难以为继。不少科学家相信，总有一天光学电脑将凭借其更小的体积、更快的速度，带来一场新的计算机技术革命。

通 信 技 术

　　通信技术的发展，缩短了世界的距离，改变了世界的连接系统。它不仅方便了我们的日常生活，还在我们的尖端科技发展上作出了应有的贡献。放眼世界，我们无时无刻不在与通信打交道，可我们对它的了解却少之又少。那么你是不是很想更深入地了解什么是通信呢？通信对你的生活和世界又作出了什么贡献呢？本章将带你解开"通信之谜"。

◐ 电信时代的到来

烽火台

烽火台的建筑早于长城，但自长城出现后，长城沿线的烽火台便与长城密切结为一体，成为长城防御体系的一个重要组成部分，有的甚至就建在长城上，特别是汉代，朝廷非常重视烽火台的建筑。烽火，也叫烽燧，是古代军情报警的一种措施，即敌人白天侵犯时就燃烟（燧），夜间来犯时就点火（烽），以可见的烟气和光亮向各方报警。烽火台在汉代称作烽堠（烽候）、亭燧，唐宋称作烽台，并把"烽燧"一词也引申为烽火台，明代则一般称作烟墩或墩台。

通信，简单地说，就是信息的传递。从这个意义上讲，可以说通信是随人类社会的产生而产生，与人类社会的发展而发展的。

早在人类的文字产生之前，便有结绳记事一类的原始通信手段。后来，又出现了以火光传递信息的办法。在我国境内，至今尚存有不少烽火台的遗迹，便是这段历史的有力见证。

人类传递比较详尽信息的愿望，是在文字发明之后才逐步得以实现的。信，便是载有文字信息的使者。

残存下来最古老的信，是用楔形文字写在泥板上，装在泥制的封套里的。105 年，我国的蔡伦改进了造纸术。传递信的人也渐渐由步行转为骑马。据考证，我国早在公元前 14 世纪便开始修筑驿道，派驿使传递书信。驿使现象是带有世界性的。例如，在埃及的历史上，就有由驿使传递尼罗河水上涨信息的记载。

古代的驿站

大约是在 14 世纪，城市邮政首先在欧洲兴起。18 世纪 90 年代，在欧洲还曾盛行一种叫"遥望通信"的视觉通信方式。整个系统是由许多塔站组成的。这些塔站沿通信线路选择高的地方修建，形成彼此遥相呼应的接力系统。通过改变塔站顶上横杆和竖杆的位形，把文字信息一个接一个地发送出去，并一站接一站地进行传播，直至目的地。

人类通信的革命性变化，是从把电作为信息载体后发生的。

1753 年 2 月 17 日，《苏格兰人》杂志上发表了一封书信。在这封信中，作者提出了用电流进行通信的大胆设想。1832 年，俄国外交家希林在电磁感应理论的启发下，制作出了用电流计指针偏转来接收信息的电报机。1837 年 6 月，英国青年库克获得了第一个电报发明专利权。他制作的电报机首先在铁路上获得应用。

在 19 世纪众多的电报发明家中，最有名的还是莫尔斯。莫尔斯是当时美国很有名气的画家。他在 1832 年旅欧学习途中，开始对电磁学发生了兴趣，并由此而萌发出了把电磁学理论用于电报传输的念头。1835 年，他开始了制作电报机的努力。不久，他的第一台电报机问世。1837—1838 年，莫尔斯又发明了用电流的"通"和"断"来编制代表数字和字母的电码（即莫尔斯电码），同时他还完善了电报机。

1843 年，莫尔斯经竭力争取，终于获得了 3 万美元的资助。他用这笔款修建成了从华盛顿到巴尔的摩的电报线路，全长 64.4 千米。1844 年 5 月 24 日，在座无虚席的国会大厦里，莫尔斯用他那激动得有些颤抖的双手，操纵着他耗费十余年心血研制成功的电报机，向巴尔的摩发出了人类历史上的第一份电报："上帝创造了何等奇迹！"

电报的发明，拉开了电信时代的序幕，开创了人类利用电来传递信息的历史。

模拟通信

根据信号方式的不同，通信可分为模拟通信和数字通信。

所谓模拟通信，就是利用正弦波的幅度、频率或相位的变化，或者利用脉冲的幅度、宽度或位置变化来模拟原始信号，以达到通信的目的。

模拟信号指用连续变化的物理量表示的信息，其信号的幅度，或频率，或相位随时间做连续变化，如广播声音信号、电视图像等。时间上离散的模拟信号是一种抽样信号。

知识小链接

离　散

离散就是孤立的点集。像区间，它在每一点上都是连续的；而像整数集，它的每一元素之间都有一点的距离。所谓在某一点上连续，就是对于该点，无论给定一个多么小的正数，总能在定义域内找到一点，它的函数值到该点的函数值距离小于给定的数。

模拟通信的例子在我们日常生活中很多。例如，广播电台通过空中传输广播节目，无线电视台通过空中传输电视节目，有线电视台通过光缆和同轴电缆传输电视节目等。就在我们家中，普通的电视机、CD 机、VCD 机、音响等设备通过音频、视频信号线互相传输信息，也都是模拟通信的例子。总之，模拟通信需要传输的是音频、视频等模拟信号。

模拟通信的优点是直观且容易实现，但存在两个主要缺点。首先是保密性差。模拟通信，尤其是微波通信和有线明线通信，很容易被窃听。只要收到模拟信号，就容易获取通信内容。其次是抗干扰能力弱。电信号在沿线路的传输过程中会受到外界的和通信系统内部的各种噪声干扰，噪声和信号混合后难以分开，从而使得通信质量下降。线路越长，噪声的积累也就越多。

数字通信

与模拟通信相对应的是数字通信。

所谓数字通信，是用数字信号作为载体来传输信息，或用数字信号对载波进行数字调制后再传输的通信方式。数字信号是一种离散的、脉冲有无的组合形式，是负载数字信息的信号。现在最常见的数字信号是幅度取值只有两种（用 0 和 1 代表）的波形，称为二进制信号。数字通信可传输电报、数字数据等数字信号，也可传输经过数字化处理的语音和图像等模拟信号。

拓展阅读

编码器

编码器是将信号（如比特流）或数据进行编制、转换为可用以通信、传输和存储的信号形式的设备。编码器把角位移或直线位移转换成电信号，前者称为码盘，后者称为码尺。按照读出方式编码器可以分为接触式和非接触式两种。

数字通信的早期历史是与电报的发展联系在一起的。1937 年，英国人里夫斯提出脉码调制（PCM），从而推动了模拟信号数字化的进程。1946 年，法国人德洛雷因发明增量调制。1950 年，卡特勒提出差值编码。1947 年，美国贝尔实验室研制出供实验用的 24 路电子管脉码调制装置，证实了实现 PCM 的可行性。1953 年发明了不用编码管的反馈比较型编码器，扩大了输入信号的动态范围。1962 年，美国研制出晶体管 24 路 1.544 兆比特/秒脉码调制设备，并在市话网局间使用。进入 20 世纪 90 年代，数字通信向超高速、大容量、长距离方向发展，高效编码技术日益成熟，语音编码已走向实用化，新的数字化智能终端将进一步发展。

数字通信与模拟通信相比具有明显的优点：首先是抗干扰能力强。数字通信中的信息是包含在脉冲的有无之中的，只要噪声绝对值不超过某一门限值，接收端便可判别脉冲的有无，以保证通信的可靠性。其次是远距离传输仍能保证通信质量。因为数字通信是采用再生中继方式，能够消除噪声，再生的数字信号和原来的数字信号一样，可继续传输下去，这样通信质量便不受距离的影响，可高质量地进行远距离通信。此外，它还具有适应各种通信业务要求（如电话、电报、图像、数据等），便于实现统一的综合业务数字网，便于采用大规模集成电路，便于实现加密处理，便于实现通信网的计算机管理等优点。

无线电广播的发明

赫 兹

1820 年，丹麦物理学家奥斯特发现，当金属导线中有电流通过时，放在它附近的磁针便会发生偏转。接着，学徒出身的英国物理学家法拉第明确指出，奥斯特的实验证明了"电能生磁"。他还通过艰苦的实验，发现了导线在磁场中运动时会有电流产生的现象，此即所谓的电磁感应现象。

著名的科学家麦克斯韦进一步用数学公式表达了法拉第等人的研究成果，并把电磁感应理论推广到了空间。他认为，在变化的磁场周围会产生变化的电场，在变化的电场周围又将产生变化的磁场，如此一层层地像水波一样推开去，便可把交替变化的电磁场传得很远。于是，麦克斯韦便成为人类历史上预言电磁波存在的第一人。

但是，电磁波的存在是由赫兹证明的。1887 年的一天，赫兹在一间暗室里做实验。他在两个相隔很近的金属小球上加上高电压，随之便产生了一阵阵噼噼啪啪的火花放电现象。这时，在他身后放着一个没有封口的圆环。当赫兹把圆环的开口处调小到一定程度时，便看到有火花越过缝隙。通过这个实验，他得出了电磁能量可以越过空间进行传播的结论。赫兹的发现，为人类利用电磁波开辟了无限广阔的前景。

赫兹透过闪烁的火花，第一次证实了电磁波的存在，他却断然否定利用电磁波进行通信的可能性。但赫兹电火花的闪光，却照亮了两个异国年轻发明家的路。1895 年，俄国青年波波夫和意大利青年马可尼分别发明了无线电报机，勇敢地闯入了赫兹所划定的"禁区"。1897 年 5 月 18 日，马可尼进行横跨布里斯托尔海峡的无线电通信取得成功。

自从 1895 年马可尼发明无线电报以后，科学家就开始研究利用电磁波传送语音信息。1896 年，法国的发明家莱布朗克（1857—1923）提出用电磁波传送声音的设想，用声音信号调制高频电磁波。电子管的诞生为无线电广播的发明创造了条件。

马可尼发明无线电报后，引起了世界各国的重视，美国农业部气象局决定利用无线电报传送天气预报，为农业生产服务。1900 年，该局聘请了匹兹堡大学物理学教授费森登教授做利用无线电传送气象信息的实验。费森登教授在实验中，想利用电磁波传送声音。他根据莱布朗克提出的调幅原理，开始试验无线电广播。到 1901 年，试验取得初步成果，又经过五年的研究，他发明了世界上第一座无线电广播电台。这座广播电台设在马萨诸塞州，它的发射天线是借用美国国立电气信号公司的无线电报天线，高 128 米。它用一台交流发电机供电，功率为 1 千瓦，于 1906 年圣诞节之夜首次试播讲话和音乐并获得成功。

无线电广播的发射和接收原理是这样的：语言、音乐等声音信息通过音频放大器输出的音频信号和音频振荡器产生的高频振荡信号，经过调制器，变成高频调幅振荡信号，再经过高频放大器送往发射台天线向空中发射出电磁波。收音机收到这种电磁波后，先变成高频电流。但这种电流很微弱，要经过放大，再经过检波器检波，检出音频电流，经音频放大，送入喇叭，变成原来的语言和音乐声音。

广播技术的发展

无线电广播技术是在无线电报及无线电话的基础上发展起来的。各种功能的电子管的发明和应用加速了无线电广播的发展。无线电广播自发明以来已经进行了三次重大的技术革新。

◎ 从长波到短波

无线电频段是宝贵的资源，常用的无线电频段有：

长波，波长 1000 ~ 10000 米，频率 30 ~ 300 千赫（kHz），称为低频。

中波，波长 100 ~ 1000 米，频率 300 ~ 3000 千赫（kHz），称为中频。

短波，波长 10 ~ 100 米，频率 3 ~ 30 兆赫（MHz），称为高频。

无线电广播常用的频段：中波 100 ~ 1500 千赫（kHz），中短波 1.5 ~ 6 兆赫（MHz），短波 6 ~ 30 兆赫（MHz）。

电磁波的传播有两种形式，一种是沿地球表面传播的地波，另一种是在空中传播的天波。物理学家首先认识的是地波传播。1918 年英国物理学家沃斯顿经过长期研究，提出地波传播理论。他指出，电磁波是沿着地球表面绕射传播，路线呈弯曲状。但大地对电磁波有吸收作用，电磁波在传播途中，波的强度将随距离而衰减。他特别指出，波长越短，这种衰减程度就越强。在这种理论的指导下，20 世纪 20 年代，即无线电广播创建初期，使用的是长波和中波。英国于 1925 年建立功率为 25 千瓦的第一个长波电台，使用波长为 1500 米的长波。美国的早期广播主要使用 300 ~ 500 米的中波。然而，由于长波和中波的传播距离有限，例如用功率为 3 千瓦的发射机，传播距离仅有 40 千米左右，这样就得增设许多中继站才能将长波或中波传播到较远的地方。

在广播早期，人们根据沃斯顿的地波理论，把 200 米以上的中长波作为国家、大城市建设电台使用，片面地认为 200 米以下的中短波传播距离太短，无商业价值，并将这些频段划给业余无线电爱好者使用。由于发射中长波要建立功率强大的发射机，需要国家投资，而短波却只需小功率的发射机就可以了，因此业余无线电爱好者都乐意使用短波。

在无线电广播的实践中，不少业余无线电爱好者发现，短波也可以传播到远方，于是，天波理论诞生了。

无线电报发明家马可尼在无线电发射实验中，推测空中有能够反射电磁波的电离层存在。后来，人们发现在离地面 50～400 千米的高空的确存在电离层，证实了马可尼的推测。1912 年，英国的物理学家埃克尔斯从理论上论证了电离层对电磁波的折射作用。1924 年，拉摩经过研究确定，电离层中存在大量的电子，揭示了电离层折射电磁波的原因。随

你知道吗

电离层

电离层是地球大气的一个电离区域。50 千米以上的整个地球大气层都处于部分电离或完全电离的状态，电离层是部分电离的大气区域，完全电离的大气区域称磁层。也有人把整个电离的大气称为电离层，这样就把磁层看作电离层的一部分。除地球外，金星、火星和木星都有电离层。电离层能使无线电波改变传播速度，发生折射、反射和散射，产生极化面的旋转并受到不同程度的吸收。

后，查普曼研究指出，电离层可分为 D、E、F 层，各层对不同波长的电磁波的反射效果不一样，对短波的反射效果最好。查普曼还指出，只有频率大于 30 兆赫的电磁波才可以穿透电离层。这为以后的远距离微波通信（如人造卫星的通信）做了理论准备。

短波可以通过电离层的反射作用传播到远方。这一发现为无线电广播的发展开创了新的天地。原来认为没有多大作用的短波，成了无线电广播求之不得的新频段。

短波的优点是：它的方向性好，适合作远距离定向广播；用较低的发射功率就可以传播到远方，建设电台成本低。1921 年 12 月，美国在试验广播中，利用 200 米的中短波向英国广播，获得成功。1925 年 4 月，荷兰的青年

工程师冯·贝茨利尔建造了波长为 30 米的短波发射机，5 月 13 日，将无线电信号传播到了印度尼西亚。经过技术改进，短波发射机可以向世界范围发射无线电广播信号。1927 年 6 月 1 日，荷兰女王通过短波，向东、西印度群岛发表广播讲话。随后不久，在远距离的广播中，短波电台逐步取代了长波电台。

早期的无线电收音机

无线电广播研究人员还发现，长波和中波主要靠地面传播，但中波也有一部分经过天波传播。因此，到了夜间，由于空中的电离层升高，在同样的反射角度下，人们可以收听到白天收不到的远方中波电台的广播。

超外差收音机

超外差收音机是指输入信号和本机振荡信号产生一个固定中频信号的过程。如果把收音机收到的广播电台的高频信号，都变换为一个固定的中频载波频率（仅是载波频率发生改变，而其信号包络仍然和原高频信号包络一样），然后再对此固定的中频进行放大，检波，再加上低放机，功放级，就成了超外差收音机。

随着大量短波电台的出现，接收技术也得到相应改进。广播初期的收音机主要是为收听长波设计的，要想收听短波广播就要配制专门的装置。为了解决这个矛盾，费森登于 1912 年提出了"超外差原理"，将长波和短波都转换成中频，使一个收音机既可收听长波，又可收听短波。1919 年，美国的物理学家阿姆斯特朗（1890—1954），根据费森登的原理，成功研制超外差收音机。

自从 1965 年第一颗地球同步静止轨道卫星发射成功后，无线电广播开始用同步卫星传播到世界各地，再也不受地波和天波的限制了。

◎ 从调幅到调频

无线电广播是利用电磁波传播声音信息的。传播的技术很复杂，但大体可分为两步：第一步是把语言、音乐等声音信号变成低频的电信号，这种信号不能发射；第二步是把低频的电信号变成高频的电磁波，通过天线从空中发射出去。将低频的电信号转变成高频电磁波，这个过程就叫做调制。没有经过调制的高频电磁波叫做载波，它可以"运载"带有声音信息的低频电信号，经过调制后的高频电磁波叫调制波。如果把带有声音信息的低频电信号比作自行车，那么，没有经过调制的高频电磁波就如一架飞机，调制波就像载满了自行车的飞机。每个载波都有一定的振幅和频率。电磁波是一种横波，振幅又叫波幅，是从波峰或者波谷到横坐标轴的距离。频率又叫周率，是电磁波每秒钟振动的次数，单位是"赫兹"，简称"赫"。在无线电广播发射技术中，调制载波的振幅叫做调幅（AM）广播，调制载波的频率叫作调频（FM）广播。

初期的无线电广播发射技术采用的是调幅制，这是使载波的振幅按照所需传送信号的变化规律而调制的方法。用调幅器将载波调制成调幅波，这种技术在无线电广播及其他的无线电通信中广为应用。调幅用于长波、中波和短波广播，它的优点是占用频带较窄，一般不大于 20 千赫，因此在较窄的中、短波频带内，可以容纳数量众多的广播电台。而且收听调幅广播的收音机结构简单，造价较低。

但是，调幅广播的抗干扰性能差，收音时噪声大。美国的物理学家阿姆斯特朗针对调幅广播的缺点，提出了调频广播理论。这是使载波的瞬时频率按照所需传送信号的变化规律而变化的调制方法，用调频器将载波调制成调频波。调频技术在无线电广播、电视伴音及无线电通信中广为应用。1933 年，阿姆斯特朗创建第一座调频广播电台，克服了邻近电台干扰和雷电干扰的现象，可以使声音保持极高的保真度。调频广播与调幅广播相比，调频广播的抗干扰能力强，音质优美动听，覆盖面积大。第二次世界大战后，调频广播得到迅速发展。但调频广播的技术较复杂，建设电台成本高，所占的频带较宽，而且要用调频收音机才可以收听。这项广播技术一般只用于超短波的发射。

电视伴音使用的也是调频广播技术，但是由于电视的伴音与广播的频率不一样，所以调频收音机收不到电视的伴音。

◎ 从单声道到立体声

无线电广播早期，传播的声音是单声道，即单源音。单声道的录制、发射、接收技术较为容易，但单声道缺乏方位感和层次分明的立体感，尤其是一些立体感很强的音乐节目，从收音机里听起来就有些乏味了。为了增强广播的听觉效果，在单声道调频广播的基础上，发展了双声道调频广播，也叫立体声调频广播。

知识小链接

立体声

立体声就是指具有立体感的声音。自然界发出的声音是立体声，但我们如果把这些立体声经记录、放大等处理后而重放时，所有的声音都从一个扬声器放出来，这种重放声（与原声源相比）就不是立体的了。这时由于各种声音都从同一个扬声器发出，原来的空间感也消失了。这种重放声称为单声。如果从记录到重放整个系统能够在一定程度上恢复原声源的空间感（不可能完全恢复），那么，这种具有一定程度的方位、层次等空间分布特性的重放声，我们称之为音响技术中的立体声。

立体的听觉原理与立体的视觉原理相似。人们用两只眼睛看物体比用一只眼睛看更能准确地判断物体远近及方位；用两只耳朵听声音，更能感受到声音的方位和立体感。

在无线电广播发明之前，人们就认识了立体声。1881 年的圣诞节那天，法国巴黎歌剧院即将演出精彩的节目。法国工程师克莱蒙特在舞台左右各安装一台电话机，分别与家里的两台电话机连接。表演开始了，他坐在远离剧院的家里同时抓起两个听筒，两耳同时收听。惊奇的现象出现了，他听到了舞台那身临其境的立体声。克莱蒙特发明的立体声技术获得了专利。这一年，他在巴黎博览会上，用自己的发明设备，直接转播巴黎歌剧院的现场演出，让参加博览会的顾客第一次欣赏到了立体声。

克莱蒙特的发明，引起了许多物理学家研究立体声的兴趣。在第一次世界大战期间，军事科学家们根据克莱蒙特的发明研制成了"双耳接收喇叭"，用来判断敌方飞机的方位。1931 年，英国工程师布龙莱茵研究制成了双声立体声唱片。1933 年 4 月 27 日，美国的贝尔电话实验室利用电话线路，向华盛顿传送在费城举行的音乐会的立体声交响乐。1941 年，立体声电影问世。1954 年，美国生产出双迹磁带立体声录音机。1957 年，英、美两国分别生产首批商业用立体声唱片。1977 年，日本研究制成了脉码调制的立体声数字录音机。

立体声在广播电台的应用，最早是 1925 年，由美国康涅狄格州纽黑文的无线电广播电台播出。当时用的是调幅广播，立体声的双声道分别用两个不同的波长传播，每个听众要用两台收音机的耳机同时收听。调频广播普及后，立体声调频广播便陆续出现了。

我国的立体声广播始于 1979 年。当年 9 月 26 日，黑龙江省广播事业局研制成了我国第一台立体声调制器。12 月，黑龙江人民广播电台用这台调制器开始了立体声广播。中央人民广播电台从 1982 年 10 月 1 日开始，在第三套节目中播出立体声节目。

👁 光纤通信

1954 年，美国物理学家研制出一种被称为脉泽的强大电流，并证明，利用脉泽原理可以制造出激光，但当时未能实用化。1960 年，美国物理学家梅曼用强大的普通光照到人造红宝石上，制造出了比太阳光强 1000 万倍的激光。

由于激光频带宽，有很丰富的频率资源，而且纯度高、不易扩散，具有很好的方向性，因而很快地便在通信领域找到了用武之地。开始，人们让载带着信息的激光通过大气传播，以实现点对点的通信。后来，人们发现激光在大气中传播时，易受气候条件和地理条件的影响和制约，不仅信号衰减很快，而且传输质量也得不到保证，因而便把注意力由"无线"方式转向"有线"方式，即设法给激光提供一个理想的有形通路。

广角镜

石 英

石英，无机矿物质，主要成分是二氧化硅，常含有少量杂质成分，为半透明或不透明的晶体，一般乳白色，质地坚硬。石英是一种物理性质和化学性质均十分稳定的矿产资源。

人们很早就已发现弯曲的玻璃可以传光。在一个不透光的暗箱中安装一只电灯，把一根弯曲的玻璃棒的上端插入箱中，打开电灯，在玻璃棒的下端会有光线射出。这是因为从上端进入玻璃棒的光线在玻璃棒的内壁多次发生全反射，沿着锯齿形的路线顺玻璃棒传到了玻璃棒的下端。按照这一原理，人们制造出一种特殊的玻璃丝。先用石英为原料制成直径只有几微米到几十微米的细丝内芯，再在细丝的外面包上一层折射率比它小的材料所制成的外套，光线在内芯和外套的界面上发生全反射，传播途中就不会因漏射而损失入射光的能量，这就是光导纤维，简称光纤。

1966 年，英籍华人高锟博士最早提出以玻璃纤维进行远距离激光通信的设想。由于他以及许多后来者的不懈努力，人类终于进入了一个色彩纷呈、令人眼花缭乱的光通信时代。

一根光纤只能传送一个很小的光点，若把数以万计的光纤整齐排列，形成一束规则排列的光缆，光缆两端光纤排列的相对位置相同，就可以传送光信号图像了。光缆不仅能远距离传送图像，还能传送声音（光纤电话），在声音的发送端，通过声电转换和电光转换，把声音信号转变成强弱变化的光信号，通过光缆传到接收端，接收端再通过相应的转换，把光信号还原成声音信号。

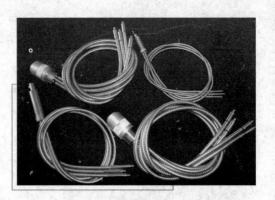

光　缆

光通信之所以有如此之魅力，首先是由于它的"宽广"和"大度"。它所能容纳的信息量之大是其他现有传输媒体所望尘莫及的。一根直径不到1.3厘米的由32根光纤组成的光缆，竟能容纳50万对用户同时通话，或者同时传送50多个频道的电视节目。这还只是今天所能达到的水平，而它的潜力还要比这大得多。除此之外，光缆还具有不受电磁干扰、原料充足、成本低、质量轻、铺设方便、保密性强的优点。因而一经问世，便成为通信领域里一颗耀眼的明星。如今，由光纤组合而成的光缆不仅是陆地通信的命脉，而且还穿洋过海，成为连接世界各大洲的重要信息通道。它不仅用作电信局间的中继线路，还直达用户所在地的路边、楼群以至用户家中，给人们带来丰富多彩的通信服务。

▶ 微波通信

微波通信是在无线电通信的基础上发展起来的一种新的通信技术。它具有容量大、质量高的优点，可以长距离传送电视、电话、电报、照片、数据等各种通信信号。还有投资省、建设快等多方面的优点，因此，它已成为现代通信的一个重要组成部分。

说到微波通信，大家也许说不清是怎么回事，可要说到雷达、卫星转播电视节目，大家一定不会陌生。实际上，雷达和通信卫星都是利用微波来发现目标、进行远距离通信的。

微波通信塔

那么，为什么让微波担当远距离通信的重任呢？实际上，微波属于电磁波，它和长波、中波、短波都是电磁波家族的成员。由于微波波长很短，它的频率就非常高。普通短波电台频率为几兆赫，而微波频率，往往有几千兆赫，甚至几万兆赫。这样高的频率，不但不会受到雷电、电焊，或火车等的干扰，通信中杂音很小，质量很好；而且由于频率高，频带宽，所以一个微波机可以传送数百乃至上千个电话以及远距离传送彩色电视节目。由于电视图像信号占用很宽的频带，因此，传输电视信号非它莫属。此外，微波波束很窄，方向性很强，使用较低的功率就可将信号传得很远，而且，方向性强的好处还在于可以减少通信中互相干扰的现象。由于微波通信具有频带宽、携带信息量大、受外界干扰小、建站快、投资较少等优点，人们早就想以微波作为通信的传输手段。

微波通信线路的建设不受地形的限制，对于湖泊、大江、高山都可选择合理地形穿越而过，实现通信。它也不受冰凌、大雪、暴雨等恶劣气候的影响。

因此，微波通信可以适应各种现代化通信的需要，因而得到广泛发展。

但是，微波波长很短，只有1毫米至1米。在传输信号的长途旅行中，它既不像长波那样，遇到障碍物时可以迈开"长腿"，翻山越岭；也不像短波那样，可以利用空中的电离层来回反射电磁波，实现远距离通信。微波具有近似光波的特性，像光线一样，传输路线是径直向前的，而且，它的反射能力极强，一遇到阻挡物，就被反射回来。因此，微波只能在空中传播。大家知道，地球是圆形的，而微波只能视距传播，不能顺着地球的圆弧传播。也就是说，微波的传输距离只能限制在可以互相看得见的两点这样一个范围内。

视距传播

电波沿直线传播的方式称为视距传播。微波只能进行视距传播，因为微波信号没有绕射功能，所以两个微波天线只能在可视，即中间无物体遮挡的情况下才能正常接收。

对此，科学家们想到了"接力赛跑"的办法。参加过运动会的同学都很熟悉接力赛跑吧。在竞争激烈的接力赛跑中，小小接力棒在运动员手中传递着，每个人以最快的速度，跑完各自的路程，接力棒被用最快的速度传到终点。为了将信号传送到远方，微波通信也采用了接力赛跑的方式。人们每隔四五十千米，就建立一个微波中继站；一连串的微波中继站，就像古代的烽火台一样。每个中继站都有高耸的天线，把上一个中继站的信号接收下来，加以放大，再传送给下一个中继站。就这样，一站接一站地传送下去，实现了远距离的微波通信。

知识小链接

中继站

中继站就是一部负责接收并转发无线电信号的电台。由于建筑物及地形等的遮挡，在地面上的两个电台之间的信号可能无法直接互相传送到，但这两个电台却都能够和这个中继台很好地通联，于是各个电台就通过中继台的转发覆盖到更广的通联范围，达到扩大信号的目的。中继台的接收与发射半径覆盖面大，通过中继台的转发，就可以解决普通电台与电台之间因距离而不能通联的制约。

卫星通信

卫星通信

卫星通信简单地说就是地球上（包括地面和低层大气中）的无线电通信站间利用卫星作为中继而进行的通信。一个完整的卫星通信系统是由空间分系统，通信地球站，跟踪遥测及指令分系统和监控管理分系统四大部分组成。卫星通信的特点是：通信范围大，不受通信距离和地理环境条件的影响；可在多处接收，非常经济地实现一点到多点广播式通信传输；同一信道可与不同方向的地球站实现通信。

微波通信采用接力的办法，通过建立中继站实现了远距离的通信。但是，这种方式也有很大的缺点。因为地球上有些地方是无法建立中继站的。比如，从我国的北京到美国的纽约，距离有上万千米，中间隔着波涛汹涌的太平洋，如果每隔四五十千米，建立一个中继站，就得在海上建 200 多个中继站，这是不可能做到的。

1945 年，一个名叫克拉克的英国人发表了一篇题为《地球外的中继站》的科学预言论文。在论文中，他提出了一个十分大胆的设想，即人类有可能通过发射人造地球卫星，为地面通信建立设在空间的"中继站"。他说将卫星放到赤道上空约 36000 千米的同步轨道上。这样，一颗卫星上的中继站所转发的微波，可以覆盖大约 1/3 的地球表面。如果布放 3 颗等距离同步卫星，全球卫星通信即可实现。他还预言，在 1969 年前后，人类将登上月球。

历史完全印证了克拉克的预言。1957 年 10 月 4 日，前苏联发射了世界上第一颗人造地球卫星。这不仅标志着航天时代的开始，也预示卫星通信时代即将来临。紧接着，美国于 1960 年 8 月 12 日发射了第一颗通信实验卫星——"回声 1"号。这是一颗无源卫星，只能反射来自地面的无线电波，而不能放大和转发信号，因而没有多大的实用价值。第一颗有源通信卫星是美国在1962年12月13日发射的"中继1"号。它在次年3月进行的美、日两国电视转播试验中，及时地转播了肯尼迪遇刺的重大新闻，给人们留下了深刻的印象。1965年4月6日，世界上第一颗商用卫星"晨鸟"号发射成功，它标志着一个崭新的卫星通信时代由此开始。

广角镜

地球同步卫星

地球同步卫星是人为发射的一种卫星，它相对于地球静止于赤道上空。从地面上看，卫星保持不动，故也称静止卫星；从地球之外看，卫星与地球共同转动，角速度与地球自转角速度相同，故称地球同步卫星。

50多年来，卫星通信有许多出色的表现。首先，卫星转播不仅使报道世界重大事件的新闻在瞬息之间传遍全球，而且还使得分散在世界各地的人可以足不出户，通过电视屏幕同时观看一场球赛，或同时出席一个国际会议。

卫星通信是由一个地面站向卫星发射信号，经过卫星的放大、变频等处理，再转发给另一个地面站。一般来说，经卫星的这一"跳"，最远的通信距离可达13000千米，三"跳"

航天飞机发射国际通信卫星

即可绕地球一周。通信卫星居高临下，因而不受任何地形条件的限制，即使是在荒漠、高山、海洋和岛屿等，只要有一个直径零点几米的"甚小地面站"，就可以通信，而且通信的费用与通信距离无关。有人做过计算，从一颗卫星发射出来的微波信号，能够覆盖地球面积的40%，相当于在地面架设300多个微波中继站。在卫星覆盖区内，任意两点或多点，都可以实现卫星通信。卫星通信的容量也大得惊人，一颗通信卫星可以容纳6万多人同时打越洋电话，并可进行许多路电视通信，还可以进行数据、文字、图像和移动通信。

目前，人类在同步轨道上已经发射了 100 多颗通信卫星，还有 1000 多颗移动通信卫星在中低轨道运转。这些通信卫星在许多要求远距离、高质量的通信领域大显身手，它们承担了全球近 100% 的越洋电视转播和 30% 以上的国际电报电话业务，奥运会电视转播以及许多救援通信，都是通过卫星通信来完成的。卫星通信使人们强烈地感受到地球正在缩小，一个"地球村"的概念也由此而产生。另外，由于卫星通信的崛起，在海上救援活动中，古老的以"SOS"为呼救信号的莫尔斯电码退出了历史舞台，海事卫星后来居上，将人类的海上救援活动推向了一个新的水平。在后来的许多战争中，卫星通信也出尽了风头。

通信卫星

早在 1945 年，一位名叫克拉克的英国科学家就大胆地提出了建立"太空之塔"，利用卫星进行微波通信的设想。到 20 世纪 60 年代，人类掌握了发射人造卫星的技术后，这个设想终于实现了。1964 年 8 月，美国成功地把一颗通信卫星发射到赤道上空 35770 千米高的轨道上，真的把天线架到太空去了。

要使通信卫星能准确地接收和发送微波，卫星地面站那口大锅形状的天线必须准确地对准通信卫星。让天线跟着卫星的飞行转动是不现实的，但是让卫星停在空中似乎也是不可能的。经计算，如果让通信卫星在赤道上空37550 千米的高度自西向东以每小时 11070 千米的速度运行，它绕地球一周的时间和地球自转一周的时间完全相等。这时，从地面上看这颗卫星，它似乎老是"停"在空中某一位置上。这样，卫星地面站的天线便可固定不动，卫星通信也可准确可靠地进行。也正是这个缘故，通信卫星又被称为地球静止卫星或同步卫星。

一颗通信卫星的通信范围覆盖了地球表面的 1/3 多一点。

这样，只要在赤道上空等距离发射 3 颗通信卫星，它们的通信范围就可以覆盖住整个地球，从而实现全球范围的卫星通信。

现在，在太平洋、印度洋、大西洋上空就各有 1 颗国际通信卫星，这 3 颗卫星和地面上的卫星地面站一起组成了一个全球通信网。通过这个通信网可以将在任何一个国家进行的比赛、演出等实况及时传到世界各地。

要是两地分属 2 颗卫星的通信范围怎么办？如新西兰的惠灵顿与奥地利的维也纳就分属太平洋和印度洋上空的 2 颗卫星的范围。这两地要互相通信，可由惠灵顿地面站通过太平洋上空的通信卫星将信息先发到北京或香港的地面站。因为北京与香港是这 2 颗卫星通信范围的重复区，故可再由北京或香港地面站通过印度洋上空的通信卫星将信息传到奥地利的维也纳。反之亦然。

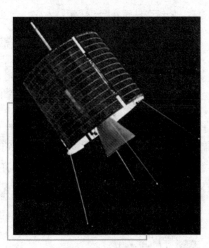

国际通信卫星

由此可见，卫星通信距离远，通信范围大，可以实现全球通信，而且不受地面条件限制及气候干扰，可靠性高。卫星通信速度快，用它传输的长途电话比原来的有线传输快几百倍，而且容量大，可同时传送 10000 余路电话和多路彩色电视节目。随着卫星转发的功率的增大，家庭电视机仅需配上直径 1 米左右的小型接收天线，就能随时收到世界各地精彩的电视节目了。

▶ GPS 定位系统

1992 年 4 月，巴勒斯坦民族解放阵线主席阿拉法特的座机在飞行途中突然遭遇沙暴而迫降在撒哈拉大沙漠里。巴勒斯坦民族解放阵线总部获悉此情后立即组织救援，但是使出了浑身解数仍毫无结果。不得已，最后只好求助于美国的这个 GPS。奇迹出现了，仅仅花了十几个小时，借助 GPS 那神奇的威力，在茫茫沙漠里找到了飞机的准确位置，从而使阿拉法特得以死里逃生。

上面提到的 GPS，其全称是 Global Positioning System，中文译为全球定位系统。是 20 世纪 70 年代由美国陆海空三军联合研制的新一代空间卫星导航定位系统。其主要目的是为陆、海、空三大领域提供实时、全天候和全球性的导航服务，并用于情报收集、核爆监测和应急通信等一些军事目的。

GPS 主要由三个部分组成：

1. 空间部分。GPS 的空间部分是由 24 颗工作卫星组成，它们位于距地表 17600 千米的高空，并均匀分布在 6 个轨道面上（每个轨道面 4 颗），轨道倾角为 55°。此外，还有 4 颗有源备份卫星在轨运行。卫星的分布使得在全球任何地方、任何时间都可观测到 4 颗以上的卫星。这就提供了在时间上连续的全球导航能力。

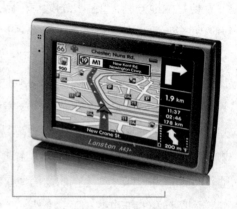

GPS 定位导向仪

2. 地面控制部分。GPS 地面控制部分由一个主控站，5 个全球监测站和3 个地面控制站组成。监测站均配装有精密的时钟和能够连续测量到所有可见卫星的接收机。监测站将取得的卫星 GPS 观测数据，包括电离层和气象数据，经过初步处理后，传送到主控站。主控站从各监测站收集跟踪数

广角镜

卫星轨道参数

卫星轨道参数是用来描述在太空中卫星运行的位置、形状和取向的各种参数。

据，计算出卫星的轨道和时钟参数，然后将结果传送到 3 个地面控制站。地面控制站在每颗卫星运行至上空时，把这些导航数据及主控站指令输入到卫星。这种注入对每颗 GPS 卫星每天一次，并在卫星离开注入站作用范围之前进行最后的注入。如果某地面站发生故障，那么在卫星中预存的导航信息还可用一段时间，但导航精度会逐渐降低。

3. 用户设备部分。GPS 用户设备部分即 GPS 信号接收机。其主要功能是

能够捕获到按一定卫星截止角所选择的待测卫星，并跟踪这些卫星的运行。当接收机捕获到跟踪的卫星信号后，就可测量出接收天线至卫星的伪距离和距离的变化率，解调出卫星轨道参数等数据。根据这些数据，接收机中的微处理计算机就可按定位解算方法进行定位计算，计算出用户所在地理位置的经纬度、高度、速度、时间等信息。接收机硬件和机内软件以及 GPS 数据的后处理软件包构成完整的 GPS 用户设备。GPS 接收机的结构分为天线单元和接收单元两部分。接收机一般采用机内和机外两种直流电源。设置机内电源的目的在于更换机外电源时不中断连续观测。在用机外电源时机内电源自动充电。关机后，机内电源为 RAM 存储器供电，以防止数据丢失。目前各种类型的接收机体积越来越小，重量越来越轻，便于野外观测使用。

GPS 这个人造星座不仅用于军事目的，而且提供各种民用服务，如防止飞机空中相撞，帮助农民耕种，协助海洋除污、海洋救援、海洋探宝、工程测量、变形监测、地壳运动监测、低轨卫星定轨、航空救援甚至给高尔夫球击球员充当助手等。尤其是在车载导航领域里，更有着不可替代的作用。

GPS 接收机的首创者查尔斯·特林布尔说，他和同事们开始研制 GPS 技术时，"我们完全确信这项技术将会改变人们的生活方式。"现在，这种变化正在发生。由于 GPS 技术所具有的全天候、高精度和自动测量的特点，作为先进的测量手段和新的生产力，它已经融入了国民经济建设、国防建设和社会发展的各个应用领域。

基本小知识

全 天 候

全天候是包括所有复杂气象在内的各种天气的总称，是一个泛指概念，主要用于航空领域。例如，全天候飞机、全天候飞行员等。在实际飞行活动中，全天候是目视气象条件和仪表气象条件（原指昼间和夜间的简单气象条件与复杂气象条件四种天气）的总称。

深空通信

　　自从前苏联于 1957 年发射世界上第一颗人造地球卫星，继之美国于 1958 年发射"探险者 1"号卫星以来，航天事业得到了迅速发展。美、苏等国发射了一系列深空探测器，对太空诸行星进行直接考察，取得了重大的科研成果，对揭开太阳系的奥秘作出了贡献。

　　在宇宙飞行中，一个占支配地位的，常常也是致命的因素就是通信。可以说，没有通信的支持就根本谈不上宇宙飞行。事实上，在宇宙航天史上不乏由于通信系统的故障而使飞行计划遭到失败的例子。例如，前苏联在 1971 年 5 月 28 日发射的"火星 5"号，装在航天器上部密封舱内的着陆器已成功地在火星表面软着陆，然而在着陆 20 秒钟后却由于通信中断而使这次任务最后归于失败。

　　随着空间飞行器从距离地球几十万千米的人造卫星发展到数亿千米的探测行星的深空探测器，通信的距离也相应延伸。人们把地面和航天器之间的通信称为深空通信。

　　人们在深入研究深空通信特点的基础上，通过提高信号功率、降低噪声值和更有效地利用信噪比来提高通信能力。

　　那么，深空通信具有什么特点呢？

　　首先，深空通信的最大特点是通信距离远，而且是点对点的通信，即深空通信地面站和航天器之间的无中继远距离

拓展阅读

吉　赫

　　吉赫就是吉咖赫兹，频率的基本单位为赫兹（Hz），吉咖（Giga）是用于构成十进倍数单位的词头，表示的因数为十的九次方，吉咖简称吉（G）。吉赫对应的英文是 GHz。

无线电通信。电波的传播损耗是与距离的平方成正比的。在行星探测器等超远距离飞行的情况下，为了克服巨大的传播损耗，确保在有限发射功率的情况下的可靠通信，必须采用在低信噪比下也能工作的通信方式。

其次，在深空通信中电波主要是在宇宙空间传播，和地面微波通信相比，传播条件是比较好的。

通信中的噪声除了通常的由于地面大气对电波的吸收而形成的等效噪声和热噪声之外，还有宇宙噪声。宇宙噪声是由射电星体、星间物质和太阳等产生的，其频率特性大致是在 1 吉赫以下时与频率的 2.8 次方成反比，1 吉赫以上时与频率的平方成反比。而大气中氧气和水蒸气对电波的吸收在频率到 10 吉赫以上时逐渐增大，即增加了等效噪声。这样，总的外来噪声（在 1 ~ 10 吉赫）比较小，这一频率范围称为"电波窗口"。

知识小链接

热噪声

热噪声又称白噪声，是由导体中电子的热振动引起的，它存在于所有电子器件和传输介质中。它是温度变化的结果，但不受频率变化的影响。热噪声在所有频谱中以相同的形态分布，它是不能够消除的，由此对通信系统性能构成了上限。

第三，深空通信对传输频道的频带限制不严。由于通信距离远、信号功率有限，目前信息与速率的绝对值还很低，所以可以充分地使用频带，这就给系统的码型和调制方式的选择带来了很大的灵活性。这一点不同于地面的有线通信和微波传输。

另外，由于航天器电源供给受到限制，发射功率有限，所以促使人们采用效率高的 PCM 工作方式。

目前，深空通信采用了先进的调制技术、编码方案，接收机前端采用超低噪声放大器，提高天线面的精度，增大发射机功率。继采用改进编码 PCM 之后，又引入了链接码，发射机功率达 20 瓦以上，开始使用 X 波段，天线直径增大到 3.6 米。深空通信的距离已经延伸到 10Au（天文单位，每 Au 为

1.496 × 10^8 千米）以上。

图像数据

图像数据是指用数值表示的各像素的灰度值的集合。对真实世界的图像一般由图像上每一点光的强弱和频谱（颜色）来表示。把图像信息转换成数据信息时，必须将图像分解为很多小区域，这些小区域称为像素，可以用一个数值来表示它的灰度，对于彩色图像常用红、绿、蓝三原色分量表示。顺序地抽取每一个像素的信息，就可以用一个离散的阵列来代表一幅连续的图像。

深空通信的基本任务有三项，即遥测、指令和跟踪。

遥测任务主要是从航天器到地面的信息传输。这些信息通常包括科学数据、工程数据和图像数据。

指令任务是从地面向航天器传送信息。如命令航天器完成某种特定动作，改变飞行姿态、路线等。

跟踪任务是为了获得航天器的位置和速度、无线电传播媒介和太阳系统特性的信息等。

移动通信与"蜂窝"网

广义地说，移动通信是以船舶、汽车、火车、飞机以及行人等移动体为对象的通信，它包括移动体同固定点之间的通信、移动体同移动体之间的通信。

在 1895 年无线电发明后的大约 10 年，出现了船舶通信，那是最早的移动通信。陆上公用移动通信是在 20 世纪 40 年代后期（第二次世界大战以后）开始兴起的。大家知道，堪称"汽车王国"的美国在第二次世界大战以后私人汽车就已经相当多了，与此同时，电话也相当普及了。可是，当人们驾车行进在高速公路上时，纵有再紧急的事也无法同人通信，进行联络，这给"汽车王国"带来了莫大的烦恼。于是科学家们开始研究如何实现边开车、边通信，给人们排忧解难。

　　1946 年，在美国密苏里州的圣路易斯开通了世界上第一个汽车移动电话系统，为解除上述烦恼迈出了第一步。但是，这些早期的系统都是采用单区制，即在一个服务区设一个基站。由于设备庞大、昂贵，容量和服务范围有限，频率不敷使用等原因，这些系统远远满足不了日益增长的需求。

基本小知识

频 率

　　频率，是单位时间内完成振动的次数，是描述振动物体往复运动频繁程度的量。为了纪念德国物理学家赫兹的贡献，人们把频率的单位命名为赫兹，简称"赫"。每个物体都有由它本身性质所决定的与振幅无关的频率，叫做固有频率。频率概念不仅在力学、声学中应用，在电磁学和无线电技术中也常使用。交变电流在单位时间内完成周期性变化的次数，叫做电流的频率。

　　移动通信是靠电磁波传递信息的，电磁波通达的地方叫无线电覆盖区域。人们手持移动电话或其他移动通信工具，只要在这个区域内都可以进行通信。通常移动通信的无线电波覆盖区域和一个城市的大小一致。要覆盖这么宽广的面积，采用什么形状的覆盖区好呢？

　　无线电波通过基地台的天线向四周发射信号，覆盖区域是一个圆。随着使用移动电话的人不断增多，人均可用频率资源越发有限。为了充分利用无线电频率，解决"僧多粥少"的问题，美国贝尔实验室的通信专家提出了建立蜂窝式移动电话系统的建议。

　　将无线电小区划分成蜂窝状，这种理念来源于人们在大自然中发现的一个奇妙现象：蜜蜂的窝是由许许多多正六边形的"小房"紧密地排列起来的。蜂窝的这种构造引起了科学家的注意。分析表明，正六边形占有空间最大，有效地利用了资源。

　　于是，人们将这种结构也应用到无线电覆盖区域上。移动电话的基地台采用的是全向天线，覆盖形状大体是一个圆。但因小区彼此邻接，用圆形小

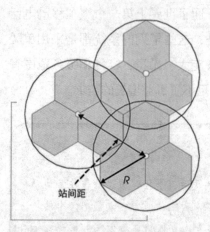

站间距

蜂窝式移动电话网

区进行排列，必然会产生较大的空隙或重叠。如果分别把同样大小的正方形、菱形、正三角形、正六边形等，紧密地排列在平面上，你会发现，只有正六边形、正三角形和正方形，可以不产生空隙和重叠。实际上，每个小区的有效覆盖区是一个圆内接多边形。如果小区选用正三角形的话，相邻两区之间重叠部分太大，正方形会好些，重叠最小的还是正六边形。

所以，选用正六边形可使无线电覆盖小区有效面积最大，覆盖同样面积的服务区域所需小区个数最少，这样可以节省建设投资，且只要对发射的无线电波的强度进行控制，使它限制在小区之内就行了。同时，在相邻的小区中，选用不同的频率进行通话，就可避免干扰。这样，相隔一定距离的小区中可以使用相同的频率，频率可以重复使用，从而解决了频率资源不足的难题。因此在移动通信中，采用正六边形无线电小区相互邻接覆盖整个服务区是最优方案。

正六边形无线电覆盖区域的形状如同蜂窝，蜂窝式无线电小区和蜂窝式移动电话网由此得名。

个人卫星移动通信

在蜂窝通信的带动下，其他移动通信手段，如无绳电话、移动通信卫星等系统也在蓬勃发展或正在兴起，并将携手一起奔向更高的目标——个人通信。

个人通信把传统的"服务到家"的通信方式变成"服务到人"，使任何人随时随地可以同任何地方的另一个人进行通信，不管通信的双方处于静止状态还是移动之中，都能利用分配给个人的号码完成通信。实现个人通信需要完成三个发展阶段，即终端个人化，逐步实现每个用户都有一部手持机，不论走到哪里都能打电话；传送个人化，通过个人号码把信息送到个人，同时把账也记在个人头上；服务个人化，按照个人的意愿来给用户提供服务，满足不同用户的需求。

移动通信卫星

我们知道，传统的微波中继通信和新兴的光纤通信都只能沿中继或光缆线路传输，不在沿线上的城市和乡村就利用不上。这两种通信手段更不能适应移动中用户通信的需要。通信卫星的天线波束覆盖在地球上是一个面（或者叫一个"蜂窝区"），凡在这个面里边的用户，无论是固定的还是移动的，原则上都可以通过卫星中转来相互通信。

现有的通信卫星基本上都采用地球静止轨道卫星，因为这种卫星离地面高，能覆盖地面的范围广，更主要的是它相对于地球保持静止，因而大大减少了卫星通信地球站的复杂性。

用静止轨道卫星实现移动通信特别是个人移动通信，需要解决三个技术上的难点：一是静止轨道卫星离地面很高，与用户之间的距离达到 4 万千米，信号传递衰减很厉害。对于固定通信，地面通信站可以用直径几米、十几米甚至更大的天线，而移动通信地面设备必须便于携带，它的天线就不能做得很大。二是用户通过卫星与另一用户之间通信，信号往返一次需 0.6 秒钟，有比较明显的滞后效应，通话需加回声抑制器，使人感到很不习惯。三是静止轨道卫星位于地球赤道上空，从中、高纬度地区看，卫星的仰角较小，通信易受地形和建筑物的影响，效果变差。因此，卫星移动通信并没有在民用上广泛地应用。

随着移动电话的普及，移动通信业务的商业市场也变得越来越庞大，越来越诱人，为此，国际上许多卫星公司投资角逐，竞相发展全球个人移动通信卫星系统。

全球个人移动通信卫星系统由三部分组成：卫星星座（又叫卫星群）、地面控制管理中心和信关站、用户机。

卫星星座由若干颗卫星组成，它们能覆盖全球，卫星天线波束在地面形成连续的蜂窝覆盖区，使地球上每个用户在任何时候、任何地点，都能至少被一颗卫星覆盖。

地面控制管理中心用于监视和管理卫星星座的工作状态；信关站则用于管理通信业务，包括识别与验证用户，接通电路与公共电话网接口，记录通话时间，计算话费等事项。

用户机可以是个人用的手持机，也可以是装载在车、船、飞机上的便携式通信机。

争夺卫星移动通信市场已成为当前国际卫星通信发展的一个焦点。许多卫星公司纷纷提出各自的全球卫星移动通信系统方案。为了克服地球静止轨道卫星移动通信所存在的难点，大多数公司提出了近地（低）轨道移动通信卫星系统或中高轨道移动通信卫星系统的方案。

低轨道移动通信卫星系统又分为两类：一类只传送低速数据和定位信息，称之为"小低轨"卫星系统；另一类除传送高速数据和定位信息外，还提供话音、寻呼、留言等业务，称之为"大低轨"卫星系统。根据其提供的业务不同，准备采用的通信频段也不同。

"小低轨"卫星系统采用1吉赫以下的极高频（UHF）频段；"大低轨"卫星系统采用1吉赫以上的L或S频段。有些卫星系统，卫星与卫星之间可直接传输信息，这被称为星间链路。

低轨道移动通信卫星系统最大的优点是卫星离地面近，只有1000千米左右，卫星的发射功率可大大降低，通信天线的尺寸也可大为缩小，通信产生的延时可以忽略。但是，事物总是一分为二的，有利即有弊，低轨道系统的卫星星座要求卫星的数量多。轨道高度越低，卫星数目就越多；由于卫星相对于地面不再保持静止，就要解决地面控制管理中心和信关站同时对多颗卫星保持跟踪和测控的问题；有的还要实现星间链路的技术。

铱系统计划

铱系统计划是美国摩托罗拉公司 1987 年正式提出的。原计划是通过 78 颗低轨道通信卫星构成一个全球卫星通信网，后来改由 66 颗卫星组成。78 正好是"铱"这个元素的原子序数，铱系统便由此而得名。尽管现在它的"成员"已由 78 个"精简"为 66 个，但考虑到早已名声在外，因而仍沿用"铱"这个名称。

铱系统主要由四部分组成：空间段、系统控制段（SCS）、用户段、关口站段（GW）。铱系统卫星有星上处理器和星上交换机，并且采用星间链路技术，因而系统的性能极为先进，但同时也增加了系统的复杂性，提高了系统的投资费用。

铱系统市场主要定位于商务旅行者、海事用户、航空用户、紧急援助、边远地区。铱系统设计的漫游方案除了解决卫星网与地面蜂窝网的漫游外，还解决地面蜂窝网间的跨协议漫游，这是铱系统有别于其他卫星移动通信系统的又一特点。铱系统除了提供话音业务外，还提供传真、数据、定位、寻呼等业务。

铱系统已于 1998 年 5 月 18 日发射完毕在轨运行所需的全部 66 颗卫星，1998 年 5 月有 6 个关口站进行了联调，星与星、星与地以及星与手机之间的试验工作已经完毕，1998 年 5 月底，泰国、日本、美国三个地方的手机已经成功地进行了通话。实现全球个人通信是人类通信所追求的最终目标。铱系统的使用，无疑为人类进入全球个人通信时代迈出了重要的一步。

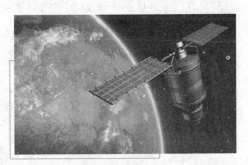

铱　星

当摩托罗拉公司费尽千辛万苦终于在 1998 年 11 月 1 日正式将铱系统投入使用时，命运却和摩托罗拉公司开了一个很大的玩笑，传统的手机已经完全占领了市场。由于无法形成稳定的客户群，使铱星公司亏损巨大，连借款利息都偿还不起，摩托罗拉公司不得不将曾一度辉煌的铱星公司申请破产保护，在回天无力的情况下，只好宣布即将终止铱星服务。

摩托罗拉公司正式通知铱星电话用户，到 1999 年 3 月 15 日，如果还没有买家收购铱星公司并追加投资，铱星的服务将于美国东部时间 3 月 17 日 23 点 59 分终止。3 月 17 日，铱星公司正式宣布破产。铱系统从正式宣布投入使用到终止使用不足半年时间。2002 年，全部 66 颗美丽的铱星在大气层中焚毁，众多投资也随之消逝在茫茫太空之中。

📍 第一代蜂窝移动通信系统

蜂窝系统的出现把移动通信带入了一个新纪元。蜂窝系统通过频率复用和小区分裂（把原小区划小变多）大大增长了系统容量；由于降低了基站发射功率，减小了干扰，使通话质量得到改善；因小区可大可小，可全向发射也可定向发射，采用定向发射时几个小区可共用许多设施（如机房、天线、电源设备等），从而大大提高了组网灵活性。蜂窝系统还使用户可以在移动网中随意游动，也可以边通话边游动，也可以游动到某地之后再建立通信，享受所谓的"漫游"功能，走到哪里都能打电话。

基本小知识

频率复用

频率复用也称频率再用，就是重复使用频率，在 GSM 网络中频率复用就是使同一频率覆盖不同的区域，这些使用同一频率的区域彼此需要相隔一定的距离（称为同频复用距离），以满足将同频干扰抑制到允许的指标以内。

　　1978 年，美国贝尔实验室开发了先进移动电话业务（AMPS）系统，这是第一种真正意义上的具有随时随地通信能力的大容量的蜂窝移动通信系统。AMPS 采用频率复用技术，可以保证移动终端在整个服务覆盖区域内自动接入公用电话网，具有更大的容量和更好的语音质量，很好地解决了公用移动通信系统所面临的大容量要求与频谱资源限制的矛盾。20 世纪 70 年代末，美国开始大规模部署 AMPS 系统。AMPS 以优异的网络性能和服务质量获得了广大用户的一致好评。AMPS 在美国的迅速发展促进了在全球范围内对蜂窝移动通信技术的研究。到 20 世纪 80 年代中期，欧洲和日本也纷纷建立了自己的蜂窝移动通信网络，主要包括英国的 ETACS 系统、北欧的 NMT‐450 系统、日本的 JTACS、NTACS 系统等。这些系统都是模拟制式的频分双工（FDD）系统，亦被称为第一代蜂窝移动通信系统或 1G 系统。

　　第一代的蜂窝通信系统采用模拟技术，虽然比老式的系统进了一大步，但是随着蜂窝通信的大量使用，到 20 世纪 80 年代后期，模拟蜂窝系统开始暴露出它的弱点。一是容量有限，在有些地方已不敷使用；二是制式太多，互不兼容，妨碍漫游，限制了用户覆盖面；三是不能获得数字通信的许多好处，如保密、通话质量好、适合提供非话业务等。这些弱点都制约了蜂窝通信的进一步发展。因此，在 20 世纪 80 年代后期，欧、美、日都着手开发第二代系统——数字蜂窝系统。虽然他们选用的技术和标准都不同，但最终想达到的目标是一致的，那就是：比现有系统具有更高频谱利用效率，除了话音业务外，还可以提供多种非话业务；能提供自动漫游、位置登记等移动通信特有功能；服务质量高、成本低、设备价格低；重量轻、尺寸小、耗电省、安全保密。

　　20 世纪 80 年代中后期，第一代的蜂窝通信系统开始了高速发展，欧美一些发达国家的用户数以 50%～60% 的速度逐年增长。发展中国家更是后来居上，不少国家发展速度已超过 100%，甚至以 200% 的速度在发展。进入 20 世纪 90 年代，第一代的蜂窝通信系统更是一发不可收。像日本这样的蜂窝通信第二大国 1996 年的增长率高达 125%，其他高速发展的国家增长率也不少。

　　但是，随着数字通信技术的逐渐成熟，第一代的蜂窝通信系统开始被

GSM、CDMA 等第二代蜂窝移动通信系统所取代。我国于 2001 年 12 月 31 日关闭了第一代的蜂窝通信网络。

GSM

GSM 全名为 Global System For Mobile Communications，中文译为全球移动通信系统，俗称"全球通"，是一种起源于欧洲的移动通信技术标准，是第二代移动通信技术，其开发目的是让全球各地可以共同使用一个移动电话网络标准，让用户使用一部手机就能行遍全球。

GSM 分 GSM900、DCS1800 和 PCS1900 三个频段，一般所谓的双频手机就是在 GSM900 和 DCS1800 频段切换的手机。PCS1900 则是别的一些国家使用的频段（如美国）。GSM900 和 DCS1800 分别工作在 890 ~ 960 兆赫和 1710 ~ 1880 兆赫频段。

GSM 使用的是时分多址的变体，并且它是目前三种数字无线电话技术（TDMA、GSM 和 CDMA）中使用最为广泛的一种。GSM 将资料数字化，并将数据进行压缩，然后与其他的两个用户数据流一起从信道发送出去，另外的两个用户数

拓展阅读

漫游

漫游是移动电话用户常用的一个术语，指的是蜂窝移动电话的用户在离开本地区或本国时，仍可以在其他一些地区或国家继续使用他们的移动电话。漫游只能在网络制式兼容且已经联网的国内城市间或已经签署双边漫游协议的地区或国家之间进行。为实现漫游功能在技术上是相当复杂的。首先，要记录用户所在位置。其次，在运营公司之间还要有一套利润结算的办法。最后，移动通信系统内还需要建立数据库，分别用于存储每台本地和外地移动电话的用户资料、服务信息等。漫游分国内、国际漫游两种。

据流都有各自的时隙。GSM 实际上是欧洲的无线电话标准，但是因为许多 GSM 网络操作员与其他国外操作员有漫游协议，因此当用户到其他国家之后，仍然可以继续使用他们的移动电话。

GSM 及其他技术是无线移动通信的演进，无线移动通信包括高速电路交换数据、通用无线分组系统、基于 GSM 网络的数据增强型移动通信技术以及通用移动通信服务。

在发展的过程中，GSM 系统的功能不断得到丰富，从而能够提供更多样的服务。由 GSM 系统首先引入的短信息服务（SMS）提供了一种新颖、便捷、廉价的通信方式。

我国于 20 世纪 90 年代初引进 GSM 技术标准，此前，一直是采用蜂窝模拟移动技术，即第一代的蜂窝通信技术。目前，中国移动、中国联通各拥有一个 GSM 网，是世界最大的移动通信网络。

知识小链接

高速电路交换数据

高速电路交换数据是对电路交换数据技术的提升。电路交换数据技术是 GSM 移动系统最初的一种传输机制。在电路交换数据方式中，信道是以电路交换方式来进行分配的。高速电路交换数据方式与电路交换数据的差别在于利用不同的编码方式和（或）多重时隙来提高数据的传输量。

➤ CDMA

目前世界上数字移动通信系统中应用的多址技术有 3 类，它们是频分多址（FDMA）、时分多址（TDMA）和码分多址（CDMA）。多址是多址技术的简称。多址技术是指处于不同地点的多个用户接入一个公共的传输媒质实现各个用户之间相互通信的技术。在移动通信中，就是多个用户通过共用的电

CDMA 智能手机

磁波频带实现相互连接进行通信的技术。因此，多址技术是移动通信中不可缺少的基本技术。

◎ 频分多址技术（FDMA）

它是不同的移动台占用不同的频率，依靠不同的频率来区分不同的信道。由于每个移动用户进行通信时占用一个频率、一个信道，频带利用率不高。随着移动通信的迅猛发展，它很快就显示出容量不大的缺点。

◎ 时分多址技术（TDMA）

它是不同的移动台共用一个信道、一个频率，但是各个移动台占用的时间不同，即各占用一个不同的时隙，因此一个信道可供多个用户同时通信使用。在信道数相同的情况下，用 TDMA 技术的移动通信系统能比 FDMA 系统的容量高几倍。

◎ 码分多址技术（CDMA）

它是不同的移动台共用一个频率，但是不靠不同的时隙来区分，而是应用扩频通信技术，对每个移动台都分配一个独特的、随机的码序列。每个码序列都与所有其他的码序列不相同，而且彼此都不相关，在技术上称之为"相互正交"，以此来区分各个移动台的信号，在一个信道中能容纳比 TDMA 系统更多的容量。

此外，CDMA 移动通信系统还能应用一系列高新技术，例如扩频通信技术、可变速率话音编码技术、功率控制技术、软切换技术和分集接收等。应用 CDMA 技术的通信系统不仅通信容量大，而且性能优越。

CDMA 移动通信系统比 FDMA 和 TDMA 系统的容量都大，主要是因为

FDMA 和 TDMA 系统的容量都受到频带宽度的限制，而 CDMA 系统的容量不受频带宽度的限制，它只受干扰的限制，只要能减少干扰就能直接提高容量。

新的 CDMA 系统比 FDMA 和 TDMA 系统的容量之所以大得多，还因为应用 CDMA 技术后能综合利用多种新技术，能充分挖掘无线电信道的潜力，从而获得系统容量的大幅度增加。例如：大家都知道，FDMA 和 TDMA 系统的蜂窝小区是靠不同的频率配置来划分的，通常是 7 个小区才有 1 个小区是相同频率的信道。而 CDMA 系统是利用不同的码序列来区分信号的，所以可利用所有小区的全部频谱。单是这一个特点，就有可能使 CDMA 系统的容量比 TDMA 系统大 4～6 倍、比 FDMA 模拟系统的容量大 10～20 倍。

目前在 FDMA 系统和 TDMA 系统中，可以利用小区的扇形化来减少干扰。而在 CDMA 系统中，扇形化分成的 3 个扇形区可以引入 3 个信道来增加容量。因此在理论上，CDMA 系统与 1 个小区 1 个天线系统相比，又可以获得大 3 倍的容量。

应用 CDMA 技术还可利用人们通话时的特征。人们在通电话时，一般实际讲话的时间大约只占用通话时间的 35%，其余的时间是在听对方讲话和停顿。在 CDMA 系统中所有用户共用一个无线信道，当分配到信道的用户不讲

拓展阅读

分集接收

衰落效应是影响无线通信质量的主要因素之一。其中的快衰落深度可达 30～40dB，如果想利用加大发射功率、增加天线尺寸和高度等方法来克服这种深衰落是不现实的，而且会造成对其他电台的干扰。而采用分集接收即在若干个支路上接收相互间相关性很小的载有同一消息的信号，然后通过合并技术再将各个支路信号合并输出，那么便可在接收终端上大大降低深衰落的概率。相应的还需要采用分集接收技术减轻衰落的影响，以获得分集增益，提高接收灵敏度，这种技术已广泛应用于包括移动通信、短波通信等随参信道中。在第二和第三代移动通信系统中，这些分集接收技术都已得到了广泛应用。

话时，共用这个信道的其他用户就可以从中得益，因此能使系统的利用率提高65%，这就相当于系统的容量实际上提高了近3倍。

另外，CDMA 通信系统的性能还非常优越。

移动通信电波传播与固定无线通信的电波传播有很大的不同，主要是因为移动台的位置是移动的，因此不论是由于阻挡物阻挡所引起的衰落（慢衰落），还是由于多条传播路径所引起的衰落（快衰落或瑞利衰落），都比固定无线电通信中的电波传播变化多、变化大，这对数字移动通信的影响很大。在 TDMA 系统中，克服衰落影响的主要方法是采用空间分集接收和自适应均衡器。但在多径时延超过限度时，仍将影响通信质量。而在 CDMA 系统中，可以采用多种分集手段来提高抗衰落的性能。除了空间分集接收外，还可以应用频率分集、时间分集接收等技术来提高通信质量。例如，软切换空间分集技术。在 FDMA 和 TDMA 系统中，当移动台从一个小区进入另一个小区时，必须要从一个小区的频率切换到另一个小区的频率，称为"过区切换"。这里是电波传播条件最差的地方。

在 CDMA 系统中，因为是使用同一频率，所以在过区时可以用分集两个小区基站的电波的方法，就是说，在切换过程中，与原小区和新小区同时都保持通话，从而保证了过区时的通话质量，这种切换方式就叫做"软切换"。

此外，CDMA 系统对移动手机的传输功率要求小，因而可以使手持机的体积更小、重量更轻，还能延长手机通话时间和待机时间。

1995 年，第一个 CDMA 商用系统运行之后，CDMA 技术在北美、南美和亚洲等地得到了迅速推广和应用。全球许多国家和地区都已建有 CDMA 商用网络。在美国和日本，CDMA 成为国内的主要移动通信技术。在美国，10 个移动通信运营公司中有 7 家选用 CDMA。

在我国，中国联通于 2002 年 1 月 8 日正式开通了 CDMA 网络并投入商用，2008 年 10 月 1 日后转由中国电信经营，手机号段为 133、153、189 及 180 等号段。

3G

3G 是英文 The 3rd Generation 的缩写，指第三代移动通信技术，就是指支持高速数据传输的蜂窝移动通信技术。3G 服务能够同时传送声音（通话）及数据信息（电子邮件、即时通信等），代表特征是提供高速数据业务。

相对第一代模拟制式手机（1G）和第二代 GSM、CDMA 等数字手机（2G），第三代手机（3G）是指将无线通信与国际互联网等多媒体通信结合的新一代移动通信系统。

3G 与 2G 的主要区别是在传输声音和数据的速度上的提升，它能够在全球范围内更好地实现无线漫游，并处理图像、音乐、视频流等多种媒体形式，提供包括网页浏览、电话会议、电子商务等多种信息服务，同时也要考虑与已有第二代系统的良好兼容性。为了提供这种服务，无线网络必须能够支持不同的数据传输速度，也就是说在室内、室外和行车的环境中能够分别支持至少 2 兆比特/秒、384 千比特/秒以及 144 千比特/秒的传输速度。

定位时尚群体

定位商务人群

定位家庭用户

中国联通的 3G 标志

3G 是第三代通信网络，目前国内不支持除 GSM 和 CDMA 以外的网络。GSM 设备采用的是频分多址，而 CDMA 使用码分扩频技术，先进功率和话音激活至少可提供大于 3 倍 GSM 网络的容量，业界将 CDMA 技术作为 3G 的主流技术，国际电联确定 3 个无线接口标准，它们分别是 WCDMA（欧洲版）、CDMA2000（美国版）和 TD – SCDMA（中国版）。3G 主要特征是可提供移动宽带多媒体业务。

W－CDMA 也称为 WCDMA，全称为 Wideband CDMA，也称为 CDMA Direct Spread，意为宽频分码多重存取，这是基于 GSM 网发展出来的 3G 技术规范，是欧洲提出的宽带 CDMA 技术，它与日本提出的宽带 CDMA 技术基本相同，目前二者正在进一步融合。W－CD-MA 的支持者主要是以 GSM 系统为主的欧洲厂商，日本公司也或多或少参与其中，包括欧美的爱立信、阿尔卡特、诺基亚、朗讯、北电，以及日本的 NTT、富士通、夏普等厂商。该标准提出了 GSM（2G）—

趣味点击 宽带的由来

宽带并没有很严格的定义。从一般的角度理解，它是能够满足人们感观所能感受到的各种媒体在网络上传输所需要的带宽，因此它也是一个动态的、发展的概念。FCC（美国联邦通信委员会）2010 年 7 月 24 日为"宽带"这个词语下了一个定义，FCC 认为宽带意味着下载速率为 4 兆比特/秒，上行为 1 兆比特/秒，可以实现视频等多媒体应用，并同时保持基础的 Web 浏览和 E－mail 特性。目前的宽带对家庭用户而言是指传输速率超过 1 兆比特/秒，可以满足语音、图像等大量信息传递的需求。

GPRS—EDGE—WCDMA(3G)的演进策略。这套系统能够架设在现有的 GSM 网络上，对于系统提供商而言可以较轻易地过渡。预计在 GSM 系统相当普及的亚洲，对这套新技术的接受度会相当高。因此 W－CDMA 具有先天的市场优势。

CDMA2000 是由窄带 CDMA（CDMA IS95）技术发展而来的宽带 CDMA 技术，也称为 CDMA Multi-Carrier，它是由美国高通北美公司为主导提出，摩托罗拉、Lucent 和后来加入的韩国三星都有参与，韩国现在成为该标准的主导者。这套系统是从窄频 CDMA One 数字标准衍生出来的，可以从原有的 CDMA One 结构直接升级到 3G，建设成本低廉。但目前使用 CDMA 的地区只有日、韩和北美，所以 CDMA2000 的支持者不如 W－CDMA 多。不过 CDMA2000 的技术研发却是目前各标准中进度最快的，许多 3G 手机已经率先面世。该标准提出了从 CDMA IS95（2G）—CDMA2000 1×—CDMA2000 3×（3G）的演进策略。CD-

MA2000 1×被称为 2.5 代移动通信技术。CDMA2000 3×与 CDMA2000 1×的主要区别在于应用了多路载波技术，通过采用三载波使带宽提高。目前中国电信正在采用这一方案向 3G 过渡，并已建成了 CDMA IS95 网络。

TD－SCDMA 全称为 Time Division-Synchronous CDMA（时分同步 CDMA），该标准是我国自行制定的 3G 标准，1999 年 6 月 29 日，由中国原邮电部电信科学技术研究院（大唐电信）向 ITU 提出，但技术发明始于西门子公司，TD－SCDMA具有辐射低的特点，被誉为绿色 3G。该标准将智能无线、同步CDMA 和软件无线电等当今国际领先技术融于其中，在频谱利用率、业务支持灵活性、频率灵活性及成本等方面具有独特优势。另外，由于中国国内庞大的市场，该标准受到各大主要电信设备厂商的重视，全球一半以上的设备厂商都宣布可以支持 TD－SCDMA 标准。该标准提出不经过 2.5 代的中间环节，直接向 3G 过渡，非常适用于 GSM 系统向 3G 升级。军用通信网也是 TD－SCDMA 的核心任务。

中国的 3G 之路刚刚开始，最先普及的 3G 应用是"无线宽带上网"，六亿的手机用户随时随地手机上网。而无线互联网的流媒体业务将逐渐成为主导。3G 的核心应用包括：宽带上网、视频通话、手机电视、无线搜索、手机音乐、手机购物、手机网游等。

在中国，3G 得到了有关部门的充分重视并得到了快速发展。距离国务院常务会议研究同意启动 3G 牌照仅 1 周，工业与信息化部就迅速向三大运营商发放了 3G 牌照。工业和信息化部宣布，批准中国移动通信集团公司增加基于TD－SCDMA 技术制式的 3G 业务经营许可，中国电信集团公司增加基于 CD-MA2000 技术制式的 3G 业务经营许可，中国联合网络通信集团公司增加基于WCDMA 技术制式的 3G 业务经营许可。

对于运营商来说，3G 牌照发放意味着新一轮市场角逐的开始；对于设备商来说，这意味着 3 年至少 2800 亿元的投资大蛋糕摆在了面前；而对于用户来说，3G 意味着手机上网带宽飙升，资费越降越低。

➡ "蓝牙"

采用"蓝牙"技术的耳机

所谓"蓝牙"技术，实际上是一种短距离无线电技术。利用"蓝牙"技术，能够有效地简化掌上电脑、笔记本电脑和移动电话手机等移动通信终端设备之间的通信，也能够成功地简化以上这些设备与因特网之间的通信，从而使这些现代通信设备与因特网之间的数据传输变得更加迅速高效，为无线通信拓宽道路。"蓝牙"采用分散式网络结构以及快跳频和短包技术，支持点对点及点对多点通信，工作在全球通用的 2.4 吉赫 ISM（即工业、科学、医学）频段。其数据速率为 1 兆比特/秒。采用时分双工传输方案实现全双工传输。

基本小知识 分散式网络

分散式网络也称分散网络，它与中央控制式网络系统相对应，是一套全新的网络系统。

"蓝牙"的创始人是瑞典爱立信公司，爱立信早在 1994 年就已进行研发。1997 年，爱立信与其他设备生产商联系，并激发了他们对该项技术的浓厚兴趣。1998 年 2 月，五个跨国大公司，包括爱立信、诺基亚、IBM、东芝及英特尔组成了一个特殊兴趣小组（SIG），他们共同的目标是建立一个全球性的小范围无线通信技术，即现在的"蓝牙"。

"蓝牙"的名字来源于 10 世纪丹麦国王 Harald Blatand——英译为 Harold Bluetooth（因为他十分喜欢吃蓝梅，所以牙齿每天都带着蓝色）。在行业协会筹备阶段，需要一个极具有表现力的名字来命名这项高新技术。行业组织人员在经过一夜关于欧洲历史和未来无限技术发展的讨论后，有些人认为用 Blatand 国王的名字命名再合适不过了。Blatand 国王口齿伶俐，善于交际，就如同这项即将面世的技术，技术将被定义为允许不同工业领域之间的协调工作，保持着各个系统领域之间的良好交流，例如计算、手机和汽车行业之间的工作。名字于是就这么定下来了。

Bluetooth 无线技术规格供全球的成员公司免费使用。许多行业的制造商都积极地在其产品中实施此技术，以减少使用零乱的电线，实现无缝连接、流传输立体声，传输数据或进行语音通信。Bluetooth 技术在 2.4 吉赫波段运行，该波段是一种无需申请许可证的工业、科技、医学无线电波段。正因如此，使用 Bluetooth 技术不需要支付任何费用。

◑▶ 方便快捷的短信与彩信

短信是伴随数字移动通信系统而产生的一种电信业务，通过移动通信系统的信令信道和信令网，传送文字或数字短信息，属于一种非实时的、非语音的数据通信业务。

短信可以由移动通信终端（手机）始发，也可由移动网络运营商的短信平台服务器始发，还可由与移动运营商短信平台互联的网络业务提供商 SP（包括 ICP、ISP 等）始发。

从实现短信业务功能的技术手段而言，通过手机终端发送和接收点对点消息虽然占据主流地位，但并非唯一形式，固定电话以及互联网正在成为新的工具和载体。

在短信业务发展之初，短信的发送和接收是从手机开始，最终到手机，

中间经过 GSM（或 CDMA）网、短信中心等网络要素。随着短信点播及定制业务的出现，手机和互联网站、短信增值业务系统可以互相发送短信，互联网站和短信增值业务系统成为新的网络要素，虽然 GSM（或 CDMA）网、短信中心仍保持着短信网络的核心地位，但是短信网络要素发生了显著变化。

知识小链接

短信增值业务

短信增值业务就是建立在移动通信网络基础上的，除了语音以外的那些数据服务，比如中国移动的"移动梦网"。

短信作为手机上的一种业务，让本来具有语言传递功能的手机变成了电报式的解读工具，让耳朵闲置，让文字彰显更大的作用；短信作为用文字传递信息和沟通的一种方式，让拇指灵活发达起来，让嘴巴休息，让现代电信的业务具有技术和文化的双重色彩。

1992 年，世界上第一条短信在英国沃达丰的网络上通过电脑向手机发送成功，从而宣布手机短信诞生。至于中国的第一条短信诞生于何时何地已无从知晓，但据考证，中国的移动通信网络早在 1994 年就具备了短信功能，只是那时有手机的人根本不需要它罢了。随着手机的日益普及，从 1998 年开始，移动、联通先后大范围拓展短信业务：2000 年，中国手机短信量突破 10 亿条；2001 年，达到 189 亿条；2004 年，数字飞涨到 900 亿条。于是短信理所应当地成为第五种传播工具；于是从 1998 年至今，十几年的时间里，不管你愿意与否，短信已逐渐走入我们的生活，成为生活的一部分，我们的生活也因短信而改变着。

彩信的英文名是 MMS，它是 Multimedia Messaging Service 的缩写，意为多媒体信息服务，通常又称为彩信。它最大的特色就是支持多媒体功能，能够传递功能全面的信息，这些信息包括文字、图像、声音、数据等各种多媒体格式的信息。

彩信在技术上实际并不是一种短信，而是在 GPRS 网络的支持下，以

WAP无线应用协议为载体传送图片、声音和文字等信息。彩信业务可实现即时的手机终端到手机终端、手机终端到互联网或互联网到手机终端的多媒体信息传送。

红外线通信

利用红外线来传输信号的通信方式，叫作红外线通信。由于红外线能像可见光一样集中成很窄的一束发射出去，因此红外线通信有两个最突出的优点：①不易被人发现和截获，保密性强；②几乎不会受到电气、天电、人为干扰，抗干扰性强。此外，红外线通信机体积小，重量轻，结构简单，价格低廉。但是它必须在直视距离内通信，且传播受天气的影响。在不能架设有线线路，而使用无线电又怕暴露自己的情况下，使用红外线通信是比较好的。

网络——信息时代的桥梁

　　计算机网络是信息时代必不可少的工具。21世纪是知识经济兴起的时代，而网络又是架起它的基本框架，所以信息时代也即是网络时代。本章节主要从网络的分类、网络的组成部分等方面为你一一展示网络的基本知识。

计算机网络的起源

　　自1946年电子计算机问世以来的很长一段时间里，计算机不仅非常庞大，而且极其昂贵，只有极少数的公司才买得起。那时，人们使用计算机既费时，又费力，很不方便。为了克服这些困难，人们就想能不能把计算题目要用的数据和程序利用电话线路传送到计算机上，而计算结果再通过电话线路传送回来？最早实现这个想法的是美国军事部门。

　　1950年，美国在其北部和加拿大境内建立了一个地面防空系统，简称赛其（SAGE）系统。它是人类历史上第一次将计算机与通信设备结合起来，是计算机网络的雏形。

　　赛其系统还不能算是真正的计算机网络，因为由通信线路所连接的，一端是计算机，另一端只是个数据输入输出设备，或称终端设备。人们将这种系统称为联机终端系统，简称联机系统。联机系统很快就得到了推广应用。按照这种方式，人们只要将一个终端通过通信线路与计算机联起来，就可以在远地通过终端利用计算机，好像人就在机房里面一样。

　　除了在科学计算上的应用外，联机系统在商业上也得到了大量的应用。如用于航空公司的自动订票系统。航空公司在各售票点的窗口都装一台终端，通过通信线路连到总部的大型计算机上。这样，总部的计算机随时可知道每个航班已经发售了多少票，各终端上的售票员也随时可知道哪些航班还有余票，这大大提高了工作效率和服务质量。

　　在发展联机系统的同时，人们也在探索能不能将计算机通过通信线路连接起来，使得一些计算机上的用户能够利用其他计算机强大的计算能力、昂贵的外部设备和丰富的信息资源。20世纪60年代，美国国防部高级研究计划局资助计算机网络的研究，于1969年12月建立了只有4台主计算机的ARPA网络。这是世界上第一个计算机网络，它就是今天因特网的前身。ARPA网的成功引发了计算机网络研究的热潮，这些研究为计算机网络的发展奠定了理论基础。

随后，以 IBM 和数字设备公司（DEC）为代表的各大计算机厂商几乎都推出了自己的网络产品，但是计算机网络的普及是个人计算机出现以后的事了。

◑ 计算机网络的分类

依据网络的规模和所跨的地域，可以将计算机网络划分为局域网、城域网和广域网。

局域网，一般是指网络的规模相对较小，通信线路不长，覆盖面的直径一般为几百米，至多几千米。整个网络通常安装在一个建筑物内，或一个单位的大院里。城域网是指一个城市范围的计算机网络，而广域网则是指更大范围的网络，可以大到一个国家，甚至整个地球。

虽然局域网、城域网和广域网这些词是着眼于所跨地域的，但是人们更多的是从网络组建技术上去区分它们。一般认为，用局域网技术组建的网络是局域网，而用广域网技术组建的网络是广域网。自然，城域网是用城域网技术组建的，但单独提城域网技术比较少见。这些技术的差别主要是在于所用通信线路及其通信协议上。

在局域网出现之前的计算机网络中，计算机之间的连接主要是使用电信部门所提供的电话线路。电话线路本来是用来传输讲话声音这种模拟信号的，为了能够传输数字，必须在线路两端各加一台专门的设备——调制解调器。由于线路和当时技术条件的限制，调制解调器的传输速率比较低，很长时间维持在每秒 600 比特到 9600 比特的速率上。概括地讲，广域网的特点是传输距离长、传输速率低、技术复杂、计算机设备规模大、建网成本高等。

局域网的产生和普及，得益于个人计算机（PC）的出现和它的迅速发展。当时，PC 机的能力很小，开始时没有配备硬盘，即使有硬盘，容量也很小，如几兆、10 兆、20 兆个字节；一般也不配打印机；只使用简单的操作系统，如 DOS。如果能有一种简单的方法将几台 PC 机连在一起，使大家能够共享昂贵的磁盘和打印机，那再好不过了。局域网较好地满足了这个需要。每台 PC 机配一块网卡，使用一根电缆和一些收发器就能把几个办公室里的 PC 机联成一个网络了，再装上简单的网络软件就可以使用了。由于使用专门的缆线，传输距离又短，因而能获得较高的速率。按照国际标准，局域网有以太网、令牌环网、令牌总线网等几种。由于以太网技术简单、安装方便，而且技术革新快，现在以太网已经成为主流，几乎占领了所有的市场。局域网的特点正好与广域网相反：传输距离短、传输速率高、技术简单、计算机设备规模比较小、建网成本低等。

知识小链接

以 太 网

以太网是当今现有局域网所采用的最通用的通信协议标准，组建于 20 世纪 70 年代早期。

近几年，随着计算机技术、通信技术和计算机网络技术的迅速发展，微机、局域网和广域网的性能都大大提高了。特别是使用光缆后，传输速率可以达到每秒几十亿至几万亿比特了。今后的计算机网络将是局域网和广域网的互联，两者的界限将会越来越模糊。

网络协议

在当今，因特网已遍布全世界大多数国家和地区。为什么这么多的人能在网上各取所需，而不产生混乱呢？这是因为人们在网上通信时都遵守网络协议。

在计算机网络中，每台计算机在与其他计算机交换信息时必须遵守的一些规则和约定，就是网络协议。

　　不光在计算机网络中，在人们的工作和生活中，也自觉或不自觉地遵守一些规则和约定，比如，我们打电话与人交谈时，就要先拨电话号码，如遇忙音待会儿再打；接通后，介绍自己或询问对方，弄清是与谁在打电话；讲话时用双方都懂得的语言；一个人讲话时，另一个人不要讲，不然都听不清；听了几句话后，要答理一声，否则讲话人以为你没有在听，或以为电话坏了；听不清时请对方重讲一遍等。如果你把这些规则和约定整理一下，仔细地写下来，可能有许多条。如果要写得清楚一点，也许要写成几个约定，例如电话拨号操作规程、电话通话语言约定、电话通话应答规程、电话通话礼仪规范等。

　　同样，计算机网络也需要类似的协议。原因是计算机很死板，只能做人们预先编排好的事。计算机通信涉及的方面比较多，如通信线路、传输技术、计算机硬件、软件、应用类别、安全等，比较复杂，因而计算机网络不仅需要协议，而且需要许多协议，这样，网上通信才会井然有序。

　　那么计算机网络协议是如何分类和管理的呢？在计算机科学中，一种常用的方法是分层次。举例来说，人们会话通信可以分为三个层次：内容、语言和传输。在内容层上，关心的是谈什么和如何谈；在语言层上，考虑的是利用双方都懂的语言（如普通话）和词汇，如何把通话内容组织成句子；在传输层上，考虑的是通话手段以及如何用这种手段实现通信，如书信、电报和电话等手段。

　　对照前面的例子，电话拨号操作规程属于传输层，电话通话语言约定属于语言层，而电话通话应答规程和电话通话礼仪规范属于内容层。

　　可以看出，分层次的方法有许多优点。每一层相对独立，功能明确，容易管理。特别是每一层上可以相对独立地制订约定，而且可以针对不同情况制订不同的约定。上面的例子中，传输手段从电话改为书信，只需要增加书信邮寄规范，不必更改有关内容层和语言层的规定。

　　国际标准化组织给计算机网络体系结构制订了一个标准，称为开放系统互连参考模型。它规定，计算机网络中每一个开放系统（可以是计算机，也可以是计算机网络）都应具有下述 7 层功能：应用层、表示层、会话层、传输层、网络层、数据链路层和物理层。

计算机网络的协议也分为这样 7 层，每一个网络协议都是各系统同一层之间的协议。

OSI 参考模型

在计算机网络产生之初，每个计算机厂商都有一套自己的网络体系结构的概念，它们之间互不相容。为此，国际标准化组织（ISO）在 1979 年建立了一个分委员会来专门研究一种用于开放系统互连的体系结构（OSI），"开放"这个词表示：只要遵循 OSI 标准，一个系统可以和位于世界上任何地方的、也遵循 OSI 标准的其他任何系统进行连接。这个分委员会提出了开放系统互连，即 OSI 参考模型，它定义了连接异种计算机的标准框架。

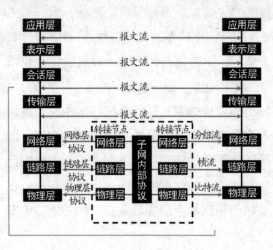

通信过程

OSI 标准根据网络通信的功能要求，把通信过程分为七层，分别为物理层、数据链路层、网络层、传输层、会话层、表示层和应用层，每层都规定了完成的功能及相应的协议。

广角镜

同轴电缆

同轴电缆是先由两根同轴心、相互绝缘的圆柱形金属导体构成基本单元（同轴对），再由单个或多个同轴对所组成的电缆。

◎ 物理层

这是整个 OSI 参考模型的最低层，它的任务就是提供网络的物理连接。所以，物理层是建立在物理介质上（而不是逻辑上的协议和会话），它提供的是机械和电气接口。该层主要包括电缆、物理端口和附属设备，如双绞线、同轴电缆、接线设备（如网卡等）、RJ－45接口、串口和并口等在网络中都是工作在这个层次的。

物理层提供的服务包括：物理连接、物理服务数据单元顺序化（接收物理实体收到的比特顺序，与发送物理实体所发送的比特顺序相同）和数据电路标志。

你知道吗

数据单元

数据单元是网络信息传输的基本单位。一般网络连接不允许传送任意大小的数据包，而是采用分组技术将一个数据分成若干个很小的数据包，并给每个小数据包加上一些关于此数据包的属性信息，例如源 IP 地址、目的 IP 地址、数据长度等。这样的一个小数据包就叫数据单元，又称帧、数据帧等。

◎ 数据链路层

数据链路层是建立在物理传输能力的基础上，以帧为单位传输数据。它的主要任务就是进行数据封装和数据链接的建立。封装的数据信息中，地址段含有发送节点和接收节点的地址，控制段用来表示数据连接帧的类型，数据段包含实际要传输的数据，差错控制段用来检测传输中帧出现的错误。

数据链路层可使用的协议有 SLIP、PPP 和帧中继等。常见的集线器和低档的交换机网络设备都是工作在这个层次上，Modem 之类的拨号设备也是。工作在这个层次上的交换机俗称"第二层交换机"。

具体讲，数据链路层的功能包括：数据链路连接的建立与释放、构成数据链路数据单元、数据链路连接的分裂、定界与同步、顺序与流量控制、差错的检测和恢复等方面。

◎ 网络层

网络层属于 OSI 中的较高层次了，从它的名字可以看出，它解决的是网络与网络之间，即网际的通信问题，而不是同一网段内部的事。网络层的主要功能是提供路由，即选择到达目标主机的最佳路径，并沿该路径传送数据包。除此之外，网络层还要能够消除网络拥挤，具有流量控制和拥挤控制的能力。网络边界中的路由器就工作在这个层次上，现在较高档的交换机也可直接工作在这个层次上，因此它们也提供了路由功能，俗称"第三层交换机"。

网络层的功能包括：建立和拆除网络连接、路径选择和中继、网络连接多路复用、分段和组块、服务选择和流量控制。

◎ 传输层

传输层解决的是数据在网络之间的传输质量问题，它属于较高层次。传输层用于提高网络层服务质量，提供可靠的端到端的数据传输，如常说的服务质量（QOS）就是这一层的主要服务。这一层主要涉及的是网络传输协议，它提供的是一套网络数据传输标准，如 TCP 协议。

传输层的功能包括：映像传输地址到网络地址、多路复用与分割、传输连接的建立与释放、分段与重新组装、组块与分块。

根据传输层所提供服务的主要性质，传输层服务可分为以下三大类：

A 类：网络连接具有可接受的差错率和可接受的故障通知率（网络连接断开和复位发生的比率），A 类服务是可靠的网络服务，一般指虚电路服务。

B 类：网络连接具有可接受的差错率和不可接受的故障通知率，B 类服务介于 A 类与 C 类之间，在广域网和互联网中多是提供 B 类服务。

C 类：网络连接具有不可接受的差错率，C 类的服务质量最差，提供数据服务或无线电分组交换网均属此类。

网络服务质量的划分是以用户要求为依据的。若用户要求比较高，则一个网络可能归于 C 型，反之，则一个网络可能归于 B 型甚至 A 型。例如，对于某个电子邮件系统来说，每周丢失一个分组的网络也许可算作 A 型；而同一个网络对银行系统来说则只能算作 C 型了。

◎ 会话层

会话层利用传输层来提供会话服务，会话可能是一个用户通过网络登录到一个主机，或指一个正在建立的用于传输文件的会话。

会话层的功能主要有：会话连接到传输连接的映射、数据传送、会话连接的恢复和释放、会话管理、令牌管理和活动管理。

◎ 表示层

表示层用于数据管理的表示方式，如用于文本文件的 ASCII 和 EBCDIC，用于表示数字的 1S 或 2S 补码表示形式。如果通信双方用不同的数据表示方法，他们就不能互相理解。表示层就是用于屏蔽这种不同之处。

表示层的功能主要有：数据语法转换、语法表示、表示连接管理、数据加密和数据压缩。

◎ 应用层

这是 OSI 参考模型的最高层，它解决的也是最高层次的问题，即程序应用过程中的问题，它直接面对用户的具体应用。应用层包含用户应用程序执行通信任务所需要的协议和功能，如电子邮件和文件传输等，在这一层中 TCP/IP 协议中的 FTP、SMTP、POP 等协议得到了充分应用。

另外，在每一层上都采用了不同的安全机制：

物理层，采用防窃听技术，就是将传输线封装在内含高压气体的密封管线中，以有效的对付搭线窃听的攻击手段。

数据链路层，采用链路加密机制，对于点到点线路上的分组，它们离开一部机器的时候可以加密，当进入另一部机器的时候可以解密。

网络层，可以通过安装防火墙来过滤好的分组和坏的分组，让好的分组正常通过，坏的分组禁止出入。IPSec 也是运行在这一层上。

传输层，整个连接可以采用端到端的加密，也就是说，从进程到进程的加密。其中重要机制——SSL（安全套接字层），在两个套接字之间建立一个安全的连接。而它进行标准化之后得到 TLS（安全传输层）。在应用层上则解决了拥护认证和不可否认这样的问题。

▶ TCP/IP 协议

TCP/IP 是 Transmission Control Protocol/Internet Protocol 的简写，中文译名为传输控制协议/网际协议，又叫网络通信协议，这个协议是因特网最基本的协议、因特网的基础。简单地说，就是由网络层的 IP 协议和传输层的 TCP 协议组成的。

IP 协议的英文名直译就是网际协议。从这个名称我们就可以知道 IP 协议的重要性。在现实生活中，我们进行货物运输时都是把货物包装成一个个的纸箱或者是装入集装箱之后才进行运输，在网络世界中各种信息也是通过类似的方式进行传输的。IP 协议规定了数据传输时的基本单元和格式。如果比作货物运输，IP 协议规定了货物打包时的包装箱尺寸和包装的程序。除了这些以外，IP 协议还定义了数据包的传输办法和路由选择。同样用货物运输作比喻，IP 协议规定了货物的运输方法和运输路线。

在 IP 协议中，它定义的传输是单向的，也就是说发出去的货物对方有没有收到我们是不知道的。这怎么办呢？由 TCP 协议来解决。TCP 协议提供了可靠的面向对象的数据流传输服务的规则和约定。简单地说，在 TCP 模式中，对方发一个数据包给你，你要发一个确认数据包给对方。通过这种确认来提供可靠性。通俗而言，TCP 负责发现传输的问题，一有问题就发出信号，要求重新传输，直到所有数据安全正确地传输到目的地。而 IP 是给因特网的每一台电脑规定一个地址。

TCP/IP 协议并不完全符合 OSI 的七层参考模型。TCP/IP 通信协议采用了 4 层的层级结构，每一层都呼叫它的下一层所提供的网络来完成自己的需求。

这4层分别为：

应用层：应用程序间沟通的层，如简单电子邮件传输（SMTP）、文件传输协议（FTP）、网络远程访问协议（Telnet）等。

传输层：在此层中，它提供了节点间的数据传送，应用程序之间的通信服务，主要功能是数据格式化、数据确认和丢失重传等。如传输控制协议（TCP）、用户数据包协议（UDP）等，TCP和UDP给数据包加入传输数据并把它传输到下一层中。这一层负责传送数据，并且确定数据已被送达并接收。

互连网络层：负责提供基本的数据封包传送功能，让每一块数据包都能够到达目的主机（但不检查是否被正确接收），如网际协议（IP）。

网络接口层：接收IP数据包并进行传输，从网络上接收物理帧，抽取IP数据包转交给下一层，对实际的网络媒体的管理，定义如何使用实际网络来传送数据。

◆ 调制解调器和网卡

早在20世纪60年代，人们就设想利用普通的电话线来连接分隔两地的计算机，使它们能够相互传送数据。但是，电话线上只能传输声音——一种模拟信号，而计算机要传的是用二进制数0和1表示的一串数字信号。因此，需要有一种设备能将数字信号转变为模拟信号，以便在电话线上传输。调制解调器就是这样产生的。调制解调器总是成对使用的，需要连接的两台计算机都通过它连到电话线上。实际上，调制解调器是由调制器和解调器两个设备组合而成。调制器是将要发送的数字信号调制（即转换）为模拟信号，而解调器则将收到的模拟信号解调（即还原）为数字信号。

除此之外，有的调制解调器还具有压缩、查错与纠错等功能。早先的调制解调器都是单独的设备，它接在计算机的串行通信口上。后来，人们把调制解调器做成一块板卡，直接插在计算机的总线槽里，这就是内置式调制解

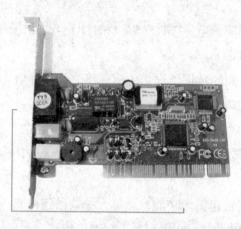

网　卡

调器。另外，调制解调器又分为拨号的和专线的。前者是利用现有的电话线，联网时需要拨号；而后者则是从电信部门租用一条线路，固定连接，不需要拨号。

网卡是网络接口卡的简称。网络接口卡又称网络适配卡，它是一种直接插在计算机总线槽里的输入输出接口卡，计算机通过它连接到网络的线缆上。网卡都是针对特定的网络进行设计的，不同的网络需要使用相应的网卡。例如，用于连接以太网的是以太网卡，用于连接令牌网的是令牌网卡，用于连接 ATM（异步传输模式）网的是 ATM 网卡等。即使是同一种网络，如果所使用的线缆不同，那么网卡也可能不同。例如，以太网可以使用粗同轴电缆、细同轴电缆和双绞线等几种，相应的网卡也有所不同。网卡可以完成网络所需要的许多功能。拿以太网网卡来说，它将计算机要传送的数据先放在自己

无线网卡

的缓冲区里，将以字节为单位的数据变为二进制位串，再将二进制位串转变为网络可接受的形式发到网络上去。同时，它还侦测网络是否空闲，是否发生传送冲突等。

内置式调制解调器也是一种网络适配卡，它通过电话线连接广域网。但在习惯上，人们说到网卡，大多是指连接局域网用的网卡，如以太网卡。当前，有不少人将连接综合业务数字网（ISDN）用的 ISDN 适配卡称为 ISDN MODEM 或数字 MODEM。其实，这种叫法是不确切的，因为综合业务数字网

是数字网，能够直接传输数字，不需要调制和解调。但是，调制解调器这个词越来越多地用来指那种通过电话线连接计算机的设备，因而这种叫法已为大多数人所接受。

在计算机网络体系结构中，调制解调器和局域网网卡都是实现物理层的功能的，但它们实际上是两种不同的设备。

◖▸ 网中之王——因特网

20 世纪 90 年代，在全球范围内掀起了数字化的浪潮。一种叫作国际互联网的神奇信息网络闯进了我们的生活。我们更习惯将其按音译称之为因特网。

因特网起源于 1969 年美国国防部资助建立的阿帕网。它是五角大楼为了把从事相关研究的科学家、教授所使用的计算机用网络连接起来，以便进行网上信息交流和远程协作而建立的。当时接入网络的计算机只有 4 台。到了 20 世纪 80 年代，阿帕网已成为政府研究人员竞相使用的通信工具。因而，1985 年，在美国国家科学基金会（NSF）的支持下，建立了 NSFNET，这便成为今天国际互联网的骨干之一。1991 年，美国政府解除国际互联网商用的禁令，这促使它很快走向商业化运作，在全球范围内迅速发展起来。

✎ 知识小链接

新 闻 组

新闻组是一些因特网论坛，具有共同兴趣的用户组可以在这里一起讨论从软件、漫画到政治等所有话题。它与电子邮件不同，电子邮件只有发件人和指定的收件人可以查看，而新闻组邮件可以被任何查看张贴了这些邮件的新闻组的用户阅读。新闻组的范围是国际化的，参与者来自因特网的所有区域。

因特网是从美国本土发展起来的，现在已经成为世界范围内的网络。因特网虽然是当今世界上最大的计算机网络，但它实际上是由许许多多小网络

因特网图标

组成的。

因特网有两个重要的特点。一是大。据 2008 的统计，因特网已经覆盖 212 个国家和地区，因特网的用户超过 15 亿人。二是规范统一。因特网统一使用 TCP/IP 网络协议，为各种应用的开发提供统一的平台，因而已经有了许多标准的应用，例如：万维网浏览、文件传输、电子函件、远程登录、新闻组等。

现在，上因特网已经成为一股热潮，政府、单位、家庭、个人都在纷纷上网。上因特网的目的是为了使用因特网。那么，大家为什么要用因特网呢？

第一，因特网上有丰富的信息资源，各种信息应有尽有，还有丰富的功能强大的检索和获取信息的工具，如浏览器、搜索引擎等。如果你对新闻感兴趣，那么你可立刻从网上找到发生在世界各地的最新新闻；如果你对某个科学问题感兴趣，那么你能在网上找到它的详细介绍；如果你对电影感兴趣，那么从网上可以

广角镜

搜索引擎

搜索引擎指自动从因特网搜集信息，经过一定整理以后，提供给用户进行查询的系统。因特网上的信息浩瀚万千，而且毫无秩序，所有的信息像汪洋上的一个个小岛，网页链接是这些小岛之间纵横交错的桥梁，而搜索引擎，则为你绘制出一幅一目了然的信息地图，供你随时查阅。

马上知道好莱坞的最新消息，甚至可以选一部电影或一个片断来欣赏一下；如果你对体育感兴趣，那么你能从网上了解到发生在世界各地的赛事和体育明星们的趣闻轶事；如果你想留学，那么你能从网上知道哪些学校招收留学生，有哪些专业，招多少人，需要什么条件等。

第二，因特网提供了多种多样的人与人之间的交流工具。你可以通过因

特网向你的朋友发送电子函件，可以通过因特网向国外的朋友打长途电话，你还可以与许多朋友一起在因特网的聊天室聊天，也可以在因特网的新闻组里讨论问题，或者在网上一起玩游戏。

第三，企业可以通过因特网了解市场需求，及时开发适销的产品，为用户提供更好的服务，还可以在网上做广告，开展网上营销。

第四，企业可以利用因特网来建造自己的网站，来宣传自己的产品和提高自己的知名度。

你知道吗

网上营销

网上营销也称为网络营销，就是以国际互联网为基础，利用数字化的信息和网络媒体的交互性来辅助营销目标实现的一种新型的市场营销方式。

计算机无疑是 20 世纪的一项重大科技成果。而用现代的通信技术把分散在世界各地的许许多多的计算机网络连接起来形成一个全球性网中之王——因特网，则更是威力无穷。因特网将作为 20 世纪对人类社会影响最大的一种通信媒体而载入史册。

◑ 因特网中的信息传递

要了解信息是如何在因特网中传递的，我们可以先了解一下信的传递，因为两者有很大的相似之处。

我们在邮寄信时，要在每一封信上都清楚地写明地址；这些信要通过一个或多个邮局的转发才能送达收信人；每一封信都与其他信一起运送，一封信不会独占一辆汽车、一架飞机或一列火车；信的运送方式和运送路线可能因为某种原因在途中发生变更。

我们知道，因特网是由许许多多小的网络连接起来组成的。当两个网络需要连接时，都通过一个叫做路由器的设备，它主要用来选择路径。每当信息在某处要向前方传送时，网络就会根据当时的情况选择最优路径。因特网中的信息就靠这些路由器，从一个网络传到另一个网络，最后到达目的地的。

另外，当你要传送一个文件特别是大文件时，因特网不是把整个文件一起传送，而是先把它分成一个个较小的信息块，每一块上都标明发送方和接收方的地址，然后每一块都单独传送。这样的一块信息，称为分组或包。因为这种分组是在互联网协议（即 IP 协议）中使用的，所以又称为 IP 分组或 IP 包。由于一个文件的各个 IP 分组是单独传送的，就可能走不同的路径。所有的 IP 分组到达目的地后，再根据传输控制协议重新整理、排序、合并，恢复为原来的文件再交给用户。

◆ 因特网服务提供者所提供的服务

因特网是一个由许许多多网络组成的覆盖世界各地的网络。一个网络甚至一台计算机，只要通过某种方式与因特网连接，并愿意被他人访问，就可成为因特网的一部分。

那么一般的用户怎样连到因特网上去呢？这就要找因特网服务提供者（ISP），它们提供两种服务：接入服务和内容服务。

接入服务，就是提供一种方法，使你的计算机或计算机网络连到因特网上。接入服务一般有三种：专用线路、帧中继连接、拨号线路。在这三种方式中，专用线路代价最高，速度也最快；拨号线路代价最低，速度也最慢。

在我国，中国公用计算机互联网 CHINANET 是因特网的主要接入网，它在北京、上海和广州三地通过卫星和太平洋海底电缆与美国的因特网端口相连。因此，中国的 ISP 的接入服务实际上是使它们的用户直接或间接连到 CHINANET 网络上。

内容服务，是指上网功能方面的服务。那么因特网服务提供者提供哪些内容服务呢？一是给客户一个电子函件地址，为客户设一个专用的电子信箱。

二是提供万维网信息浏览服务。我们所谓的联网，实际上只是连到其机器上，再通过其机器连到因特网上。其计算机负责将域名翻译为 IP 地址。因特网服务提供者一般也提供或组织一些信息库供直接浏览。除了这两种服务外，ISP通常还提供文件传输、新闻组、信息检索等因特网服务。此外，如果你在上网过程中遇到什么问题，也可以找因特网服务提供者咨询。

◀ 信息搜索

因特网上的信息浩如烟海，我们怎样才能从那么多的信息中找到所需的信息呢？一种办法是靠自己平时随时记录和整理有用的万维网站点，另一种办法就是依靠搜索引擎。

搜索引擎是一种万维网站点，它们除了提供信息内容服务外，还提供信息检索服务。它们提供的信息检索服务主要有两种方式。

广角镜

信息检索

信息检索是指信息按一定的方式组织起来，并根据信息用户的需要找出有关的信息的过程和技术。狭义的信息检索就是信息检索过程的后半部分，即从信息集合中找出所需要的信息的过程，也就是我们常说的信息查寻。

一种是索引方式。这种索引将万维网上的信息按照一种分类方法组织成树状结构，你可以一级一级地查下去，直至找到你想浏览的网页。例如，它在第一个网页上给出政治、科技、文化、艺术、体育等几个大类的栏目。如果你对体育感兴趣，则可把鼠标移到体育栏上点一下。接着，它会给你展示第二层的栏目，有国内体育和国外体育。再下一层可能是篮球、排球、足球、乒乓球、羽毛球、冰球、手球、棒球、高尔夫球、曲棍球……最后，可能在"最近一周足球比赛结果"栏目下显示出若干篇报道文章的题目，这时，你就可以选一篇来阅读了。实际上你每选一次，浏览器都会把你的选择传送给搜索引擎站点，然后搜索引擎站点再将结果传送给你。如果搜索引擎站点很远（如在美国），那可能得稍为费点时间。

另一种方式是查找方式。提供这种服务的万维网站点的第一个网页上有一个空的栏目，供你填写查找要求。在那儿，你可以填入要查找内容的主题词和关键词。例如，你填了"天安门"，搜索引擎站点会查出有关天安门的文章。使用这种方式时，关键的一点是你的要求要比较恰当，如果要求太一般，搜索引擎站点可能给你找出成千上万篇文章；如果要求太严，可能查了很长时间，结果一篇也找不到。

搜索引擎的服务能力取决于该站点联系的万维网站点的数目、数据库更新的时间周期、信息分类方法和它的信息检索算法。它收集的站点少，自然信息就少；更新周期长，信息就会陈旧；分类不合理，本来可查到的信息可能就查不到；算法不好，查找的速度就慢。搜索引擎站点有不少，比较著名的搜索引擎站点有百度、谷歌等。

➤ 信息高速公路

1992 年，美国总统克林顿和副总统戈尔竞选时提出建设"国家信息基础设施"，并把它作为竞选纲领之一。1993 年 1 月，克林顿就任美国总统后，立即调整了美国的科学技术政策，加强了信息技术的地位，并授权成立了国家信息基础设施特别小组。同年 9 月 15 日，这个特别小组郑重宣布，美国将实施一项"将永久地改变美国人民的生活、工作和互相沟通方式的信息高速公路计划"。所以，信息高速公路是信息基础设施的通俗称法。

这个信息高速公路计划的目标是要在美国建立一个以光缆为干线的、高速的、遍布全国的、四通八达的数字通信网络，能把全美国的每个地区、每个部门、每个单位、每个家庭都联结起来。该计划还规定了许多具体的目标。例如，人们通过信息高速公路可以在家里工作，在家里直接查看各种各样的信息库，获取科学、文学、艺术等方面的作品和资料，可以在家里选看最新的电影，可以在家里存款、取款和购物，可以在家里享用社会的医疗保健服务，也可以在家里通过电子方式与各级政府部门取得联系；学生通过信息高速公路可以选择最好的学校、最好的教师和最好的课程；公司通过信息高速公路可以迅速了解市场动向，开展网上营销，也可以直接从客户那儿获取订货单，并且同时从其他公司订购原材料。如此等等。

你知道吗

光纤电缆

光纤电缆是一种通信电缆，由两个或多个玻璃或塑料光纤芯组成，这些光纤芯位于保护性的覆层内，由塑料 PVC 外部套管覆盖。

我们可以把信息高速公路理解为以计算机技术和通信技术为"路基"、以光纤电缆为"路面"的"高速公路"，它以具备计算机、电话和电视功能的多媒体计算机为"汽车"，高速地传送和交换各种各样的多媒体信息。

➤ 信息高速公路"塞车"难题

随着入网用户和网上信息量的急剧增加，因特网越来越不堪重负，信息高速公路上的"塞车"现象犹如大城市中的塞车状况一样日益严重，有人已经将"万维网"戏称为"万维等待网"了。

有没有办法解决这一日益尖锐的矛盾呢？办法还是有的。

办法之一是开辟一条"旁路"。美国国家科学基金会为了帮助科学家们解决相互传递大信息量的数据文件时要花费较多等待时间的问题，将特意为科学家们开辟了一条"旁路"，让他们驶入"快车道"。这样，在不同地点的科学家就可以在因特网上以小组的形式在"一起"工作了，相互之间不仅可以交换大量的数据文件，而且还可以召开电视会议。

办法之二是建立"因特网第二"。这项计划是将高速信息通道加入到今天拥挤的因特网上去。科学家心目中的"因特网第二",是终端用户迅速而可靠地将大量的数据通过电话、电缆、卫星和其他已发明的网络进行传递的一种方法,"虚拟会议"正是领先于当今技术的一种先进手段。今天的因特网就像是一条拥有无数入口但是毫无交通管制的单车道公路,那里没有红灯限制你,没有人对你说你不能用它。因此当交通繁忙时,公路上的车辆的速度自然就会降下来,"万维网"变成"万维等待网"也就在情理之中了。而"因特网第二"将增加收税"车道",从而提高网络的速度。

我们可以相信,随着信息技术的进一步发展,信息高速公路上的"塞车"现象会逐渐好转。

丰富多彩的信息化生活

　　信息化与我们的生活密不可分，我们身边的信息工具也在无形地改变着我们的生活方式和生产方式。可是都有哪些工具呢？这些工具又是如何融入到我们的生活之中的呢？本章节将为你列举与我们的生产、生活息息相关的一些信息工具，带你体验这丰富多彩的信息生活！

 传真机

传真机是一种具备"眼睛"和"手"的功能的机器。传真机由两部分组成——发送机和接收机。发送机具有"眼睛"的作用，它使用一种具有光电转换功能的光电管，能够识别画面上各部分颜色的深浅，并把它们转换成不同强度的电信号，经过电子电路整形、放大、调制、编码，再通过电话线路传送出去。传真接收机起到"手"的作用，能将画面复制出来。当它接收到从线路上传送过来的电信号后，立即对它进行放大、解调、限幅、鉴频等处理，把电信号转换成图画信号，然后控制打印机，复印出原来的图画或文字。

基本小知识

鉴 频

从调频波中"检出"原来调制信号的过程称为调频波的解调，又叫鉴频。

在传真的发送和接收过程中，发送机和接收机必须"步调一致"。发送机对画面自左至右，自上而下，一行一行地扫描"分解"，这要与接收机在传真纸上的记录顺序同步，扫描速度也必须相同。否则，接收后复印出来的画面就会歪斜，难以辨认。

除了扫描同步外，发送机和接收机每行扫描的起始点也要相同。否则，复印出来的画面就会有中间割裂或重叠等问题。

传真机刚问世时，传输速度慢，操作起来也很麻烦。随着电子技术的发展，传真机不断改进。新型的传真机使用起来很方便，只要将它接在电话线路上，拨对方的电话号码，并把要传送的画面放在传真机上，很快对方的传真机上就会复印出同样的画面来。传真机与计算机结合后，它不仅具有静止的图像通信功能，而且具有图像处理、数据处理、自动接收、办公自动化等新功能，能应用于各种自动化领域，满足迅速处理大量信息的需要。

知识小链接

办公自动化

办公自动化（简称OA）是将现代化办公和计算机网络功能结合起来的一种新型的办公方式。办公自动化没有统一的定义，凡是在传统的办公室中采用各种新技术、新机器、新设备从事办公业务，都属于办公自动化的领域。在行政机关中，大都把办公自动化叫做电子政务，企事业单位就大都叫OA，即办公自动化。通过实现办公自动化，或者说实现数字化办公，可以优化现有的管理组织结构，调整管理体制，在提高效率的基础上，增加协同办公能力，强化决策的一致性，最后实现提高决策效能的目的。

电 传

电传是远距离打印交换的编写形式。电传既具有电话的快速，又具有打字机的准确，尤其是当电文中有数据时，这种优点表现得特别明显。电传这种通信方式，不仅具有高效性和精确性，而且比电报和电话便宜，所以很受人们尤其是办公人士的欢迎。

一般来说，电传有以下几个特点：

1. 方便迅速。电传打印机可安装在办公室内，因而你不用到电报局去发电传，而且在你给国外贸易伙伴发电传时，可以即时得到对方的回答，就像进行电话交谈一样方便。

2. 手续简便。使用电传,你唯一要做的事情是,将欲发出的电文转换成一系列孔眼并打制到纸带上,再通过电磁波将电文发往目的地。

3. 自动收发。即使办公室里没有值班人员,打印机也可在无人状态下自动收发电文,这显然比电话交谈优越得多。

4. 高效经济。打印机每分钟可打 400 个符点,而根据《全美百科全书》记载,这种机器一分钟内可传送大约 67 个词。

载波电话

载波电话机

我们知道,建立一条长途电话线路的投资是惊人的,别的且不说,光所需的铜就要十几吨。在这样一条昂贵的长途线路上,如果每一对电缆线只通一路电话,这就有些太浪费了。但如果把几个人的声音同时送上同一条电话线路,那么它们之间就会相互干扰,让收听者无法分辨。这个问题困扰了人们好长时间,直到 1918 年,载波电话在美国研制成功,在一条线路上通多路电话的梦想才变成了现实。

载波电话是如何解决这个问题的呢?首先我们把声音频率在发送端分别移动到高低不等的频率上,再把它们送上电话线路进行传输,这样一来,几种声音就能在一条电话线路上各行其道,互不影响了。等到达对方后,接收端再把所需的话音信号从载波频率上卸载下来,恢复原貌,送给受话人。在这个过程中,话音信号是经过几次变化才到达对方的,通话的双方根本感觉不到,就和打普通电话一样。

另外，就像火车在铁路线上奔驰会受到摩擦力和空气阻力作用一样，电话信号在长途线路上传输时，也会遇到阻力，能量不断消耗，信号变得越来越弱。为了使信号不减弱，人们就在长途载波通信线路上，每隔一定距离设一个增音机，用来增强减弱的信号，完成长途通话任务。

广角镜

摩擦力

摩擦力是两个表面接触的物体相互运动时互相施加的一种物理力。广义地说，物体在液体和气体中运动时也受到摩擦力作用。日常生活中，也常用"摩擦力"来比喻阻碍进展的力量。

电话线材料不同，载波电话的传输距离和通话路数也不尽相同。比如，铁线只能传输12路电话，而同轴电缆最多可以开通4380路电话。

载波电话的发明，大大提高了线路的利用率，节省了投资。由于传输时对话音信号进行了变换，因此载波电话保密性好，不易被窃听。在20世纪50年代以后，各国广泛采用载波电话进行长途通信。我国的载波长途通信网络早已通达全国各个省市，边远地区、通信线路少的农村也大都开通了载波电话。但是，载波电话是模拟通信，随着通信技术的发展，特别是数字通信的出现，载波通信将逐渐被光纤通信所取代。

数字电话

数字电话

平常我们使用的普通电话，是将声音经过送话筒变成电信号传送出去的，这种电信号时刻模仿我们说话的声音，随着声音的变化而连续变化，所以叫模拟信号。传送模拟信号的话机，被称作模拟电话机。模拟信号在电话线上传输，不断受到外界干扰，而且通信距离越远，杂音干扰

拓展阅读

语音信箱

语音信箱业务是电信部门向用户提供存储、转发和提取语音信息的服务项目。它比使用录音电话更为经济和方便，并且保证使用者随时随地都能畅通无阻的拨通信箱。语音信箱是必须与呼叫转移和短消息配合使用的。因为呼叫转移可把来电转移到您的语音信箱，而短消息将通知您语音信箱内有新留言。在使用语音信箱业务之前请确认您的手机已开通"呼叫转移"和"短消息接收"两项功能。

越多，失真也就越严重。用模拟电话来通话，保密性也较差。在电话线上，只要接上一部话机，便可知道双方通话的内容。而数字电话则是将模拟话音信号进行编码变成数字信号。数字信号就像拍发电报时"滴滴答答"的电报信号，是一些毫无规则又不连续的电脉冲。所以数字电话具有防盗打和保密功能，而且数字信号抗干扰能力特别强，使得话音信号更加清晰。

数字电话具有许多模拟电话不可比拟的优点，例如：它在通话的同时，可向对方传送一些简短的文字信息，或者连接电脑上网访问。数字电话具有主叫号码显示功能，可以在来电响铃期间，在液晶显示屏上显示对方的电话号码。这样，用户可以见"机"行事，既可从容地接听重要电话，也可将非重要的电话转入语音信箱。数字电话还可以当作电子笔记本使用。用户可将电话号码和姓名存入话机中，还可直接按姓名或电话号码拨号。数字电话是靠电脑控制的，它会帮你自动存储和记录打进打出的电话，它还能让主人设置日期和时间，它有十种不同的振铃音可供选择，并可向对方发送中（英）文短信息。它还有免提通话、重拨号码、快速拨号、呼叫转移、三方通话、会议电话等多种功能。

随着电话网络的数字化，数字电话通信的优点日益突出，可以说，越来越多的人会喜爱数字电话。

三方通话使用方法举例

客户 A 作为三方通话的发起人，首先客户 A 与客户 B 建立通话，通知并保持与 B 的通话；然后 A 客户按正常拨打电话的方式拨打客户 C，与客户 C 通话后，按发送键即可实现客户 A、B、C 同时通话。如果还要增加通话人数，客户 A 可继续按上述方法拨打客户 D、E…最多可实现 6 个客户共同通话。

▶ 程控电话

随着科学技术的不断进步，电话领域也得到了较快的发展。1965 年，美国成功研制了世界上第一部用电子计算机控制的电话交换机。它采用电子计算机作为中央控制设备，把各种控制功能、步骤、方法，预先编好程序插入到控制设备的存储器中，利用这些程序软件来控制电话的交换、接续工作。这种控制方式叫存储程序控制，简称程控。用程控交换机连接的电话机，称为程控自动电话，简称程控电话。

早期的电话系统中使用的是人工交换机，只要电话机一摘机，交换机上的灯就亮，接线员帮助呼叫、转接并使双方通话。一个接线员管几十门电话非常忙，稍不注意就会出错。随着科学技术的发展，出现了自动交换机，拨动电话号码后，不用接线员，交换机就

趣味点击　程控交换机

程控交换机，全称为存储程序控制交换机（与之对应的是布线逻辑控制交换机，简称布控交换机），也称为程控数字交换机或数字程控交换机。通常专指用于电话交换网的交换设备，它以计算机程序控制电话的接续。程控交换机是利用现代计算机技术，完成控制、接续等工作的电话交换机。

程控电话交换机和操作台

能自动将电话接通。自动交换机可控制电话达上万门甚至数十万门，具有速度快、质量可靠、声音清晰的优点。

程控电话交换机使电话网实现了智能化，使电话机能按人的旨意行事，并可实现许多先进的功能。比如说，它能存储电话号码及自动进行拨号。如果电话一时未接通，你不必花时间重新拨号，按一下重拨键，计算机就会自动重拨。如果你外出，在这期间有人打来电话，程控电话会按照你事先设定的号码，遵照你的"指令"，将打入的电话自动接到你所在的话机上，这样你就不会错过任何一个电话了。

打电话，对方占线是常有的事，程控电话的"遇忙回叫"可以解除你的烦恼。当对方占线时，你拨一下功能码，挂机等候，一旦对方电话空闲下来，就能自动回叫接通。

程控电话还有免打扰服务、限制呼叫、叫醒服务、三方通话、会议电话、追查恶意电话等先进功能。

程控电话交换机具有接续速度快、接通率高、话音清晰、保密性强等许多优点，可以为用户提供十几至几百种通信业务。程控交换机还能自动对系统的运转状况进行监视，对机器故障进行诊断和检测，日常维护比较方便，

➡ 磁卡电话

磁卡电话是一种用磁卡控制通话并付费的公用电话，是计算机技术、电子识别技术、电磁记忆技术和通信技术相结合的高科技产物。它由电话部分、控制部分和读卡器三部分构成。前面板均具有显示窗，用来提示操作，显示

磁卡余额、所拨电话号码及话费计取等多种信息。磁卡电话出现于 20 世纪 70 年代后期。

磁卡电话所用的磁卡好像银行里的存折，在打电话前，将磁卡插入电话机，电子控制线路就对磁卡上记录的可打电话次数进行核对。如通话次数有剩余，电脑就把剩余的通话次数显示出来，一面接通通话线路。在通话的过程中，如果磁卡上的剩余通话次数将要用完，电话机便在切断通话前的 10 秒钟发出催促音，并同时发出闪烁信号，

磁卡电话

提醒打电话的人。通话完毕后，电脑将磁卡标出本次使用后的剩余通话次数，并退还给打电话的人。

磁卡电话机的计费信号由交换机提供，从被叫用户摘机开始计费。本身具有储存费率表的磁卡电话机靠交换机送来的反极性脉冲启动计费。另外，也可以接收交换机送来的计费脉冲，按交换局费率表计费。

1987 年，我国在广州举办第 6 届全国运动会期间，开办了最早的磁卡电话业务，北京于 1988 年 9 月开办磁卡电话业务。之后，磁卡电话如同雨后春笋般出现在大江南北各个城市中，并成为公用电话的重要组成部分。

▶ 可视电话

可视电话业务是一种点到点的视频通信业务，它能利用电话网双向实时传输通话双方的图像和语音信号。可视性电话在通话时，不仅能使双方听到彼此的声音，而且还能看到彼此的图像。它是电视技术和电话通信相结合的产物。可视电话与电视广播有相似之处，都是将活动的图像信息传送到远处。

可视电话一般由三个部分组成：电话机、电视摄像机、监视器。电话接通之后，安置在监视器顶部的小型摄像机便开始工作，摄取通话人的特写镜头传给对方。因它所占用的电话线路少，使用十分经济，适用于电话会议，既闻其声，又见其人；还可展示文件、实物、图表等物。这种设备简单的图像通信已开始跨入现代化家庭设备的行列。

可视电话

可视电话从概念提出到投放市场，经历了一段曲折的路程。早在 20 世纪五六十年代就有人提出可视电话的概念，认为应该利用电话线传输语音的同时传输图像。1964 年，美国贝尔实验室正式提出可视电话的相关方案。但是，由于传统网络和通信技术条件的限制，可视电话一直没有取得实质性进展。直到 20 世纪 80 年代后期，随着芯片技术、传输技术、数字通信技术、视频编解码技术和集成电路技术不断发展并日趋成熟，适合商用和民用的可视电话才得以浮出水面，走向人们的视野。

编解码芯片技术是可视电话发展的关键，没有核心编解码芯片，可视电话只能是天方夜谭。语音和图像在传输时，必须经过压缩编码和解码的过程，而芯片正是承担着压缩编码和解码的重任。只有芯片在输出端将语音和图像压缩并编译成适合通信线路传输的特殊代码，同时在接收端将特殊代码转化成人们能理解的声音和图像，才能构成完整的传输过程，让通话双方能够畅通无阻地交流。

可视电话的通信质量受到传输线路的影响。传统的电话线是普通的双绞线，主要用来传输语音，而当视音频同时传输时，其传输速率仅能达到33.6 千比特/秒，所以在普通电话线的支持下，不能传输清晰连贯的图像。

另外，虽然有厂家推出可视电话，但由于他们各自为政，没有统一的行业标准，以致各种可视电话不能互通，可视电话市场的拓展受到了很大的影响。

正因为技术、线路和行业管理等方面存在问题，所以造成了可视电话几十年仍远离用户，市场没有起色。

近年来，可视电话在许多国家发展迅速。在国内，可视电话虽受多种因素制约一时难以普及，但在一些政府部门、企业、团体的使用率在逐渐提高。价格相对低廉的可视电话也在加紧开发研制之中，并取得了显著成果。

◉▶ 无绳电话

无绳电话

无绳电话是一种自动电话单机。这种电话单机由主机和副机两部分组成。使用时，将主机接入有线电话网，用户可离开主机几十米远，利用副机收听和拨叫电话。这种电话单机的主机与副机之间是通过无线电连接的，其间通话内容都将暴露于空中，如使用不慎，会造成空中泄密。所以使用时要充分注意。

无绳电话机实质上是全双工无线电台与有线市话系统及逻辑控制电路的有机组合，它能在有效的场强空间内通过无线电波媒介，实现副机与主机之间的"无绳"联系。最常见的是全模拟制的无绳电话机。简单地说，无绳电话机就是将电话机的机身与手柄分离成为主机与副机两部分，主机与市话网用电话线连接，副机通过无线电信道与主机保持通信，不受传统电话机手柄话绳的限制。

广角镜

全双工

全双工是指通信允许数据在两个方向上同时传输，它在能力上相当于两个单工通信方式的结合。

◆ 网络电话

网络电话，就是通过数据网络传送语音的系统。由于所用的通常是互联网，而互联网又使用 IP 标准，所以网络电话又叫 IP 电话。

最初的网络电话是通过用户的计算机实现的。发话方将语音通过话筒输

网络电话

入计算机，计算机将其数字化后，通过所连接的网络送给受话方的计算机，再还原成语音播放出来。后来的商业性网络电话，则通过网关实现。网关是专用的计算机系统，是普通电话与互联网之间的接口。使用网络电话时，用户通过普通市内电话与附近的网关相连。网关之间则使用互联网传送数字化的语音。只要提供了受话方的电话号码，发话方所连接的网关就能自动找到受话方当地的网关，建立起联系，并由受话方网关通过市内电话呼叫受话方，最后接通电话。网关是标准化的，不同提供商可以相互连接，服务更多用户。用户则不需要附加设备，就可以使用互联网来代替长途电话网打长途电话。

网络电话与传统电话有着很大的区别。我们在打电话时，当电话接通后，电话网上就保留了从甲地到乙地的一条通道。即使我们不说话，别人也不能使用这部分网络容量。不管整个网络多么繁忙，我们只要接通了，通话质量就不会受影响。这种连接方式叫电路交换。而在互联网中，数据被分成一个个分组（包），每个分组被独立地在网中传送，并与来自其他用户的分组分享网络容量。这叫分组交换。这种传送方式与寄送信件类似。如果同时从甲地

向乙地发出数封信，那么每封信的到达时间、途经的中转站都可能不同。在邮局总负荷过重时，信件就有可能被延误或丢失。

网络电话使用互联网。通话时，双方通常都有一半时间是静默的，这期间网络就不需要为某一方传送数据。再加上数字化的语音压缩技术，可将数据量减少到普通电话的 1/10 以下。因此，用网络电话通话，每个用户所需的容量较小。但是因为没有预先保留通道，在线路繁忙时会发生话音延迟，出现话音断断续续的现象。如果对语音进行了压缩，还会影响通话质量。网络电话不像普通电话那样有普遍的标准，它的质量在很大程度上因地、因时而异。

除了以上因素外，目前网络电话流行的主要原因是——低廉的话费。但从长远看，网络电话最大的潜力在于提供多点连接、数据和语音结合等普通电话不能提供的服务。总之，网络电话被认为是对传统电话业务的一项颠覆性替代业务。

▶ 会议电话

在日常工作中，人们经常要召开各式各样的会议。尤其是遇到与会人员不在同一地点的情况，组织会议的人员往往要提前十几天做准备工作。参加会议的人更是舟车劳顿，十分辛苦。于是，利用会议电话来召开会议就应运而生了。

把不同地点的多个用户，通过长途电话线路、市内电话线路或通到农村的电话线路连接起来，利用电话召开会议，这种电话叫会议电话。用电话召开的会议称为电话会议。目前邮电部门有专用的电话会议室，政府部门或一些大的机关也有自己的电话会议室或会议电话，供召开电话会议或参加会议的人员使用。我国可以召开从中央到各省、市、县，直至乡镇的全国性电话会议，各部门各单位也可以召开中小型电话会议。

知识小链接

电话会议

　　为了提高沟通效率，避免信息失真，电话会议市场近年来迅速兴起，在各种类型的企业中被广泛使用。所谓电话会议，通俗地说就是利用电话机作为工具，利用电话线作为载体来开会的新型会议模式。与传统会议相比较，它具有会议安排迅速、没有时间、地域限制，费用低廉等特点。与传统点对点电话业务相比较，从功能上讲，它打破通话只能局限于两方的界限，可以满足3方以上（根据不同提供商的产品，最高可实现300方同时通话）的通话，具有沟通更加顺畅，信息更加真实，范围更加广泛等特点。电话会议受到资费的限制多数应用于企业日常工作中。

　　召开长途电话会议，要在会议主席所在地设有会议电话汇接机，各地的分会场设有会议电话。

　　电话汇接机是由电脑控制的，各地会议电话与之连接，以便传送主会场的会议信息。各地参会人员的发言是受会议主席和值机员控制的，参会者的发言请求，通过值机员转告主席，只有得到主席的允许，值机员才能接通电路，发言才能被各地参会人员听到。这是为了防止各地会场的杂音进入会议电路，保证会议电话音质清晰。会议电话还装有话筒、收发放大电路，便于多人发言和收听，同时还可以配有录音机，便于备案存档。

　　另外，一些程控交换机也有会议电话功能。一些公司也常常利用公司内部的程控交换机，来组织召开电话会议。一般情况下，话务员根据会议通知，通过话务台将各个参加会议人员的电话分机接入电话会议。

　　会议电话不仅提高了人们的工作效率，而且节省了旅费和时间，所以深受许多机关部门、企业的欢迎。

集团电话

　　如今，电话已经相当普及，办公室里几乎都装有电话。据统计，人们在处理日常工作时，更多的只是内部联络，商谈工作。如果全部使用外线电话，既不方便，又要付较多的电话费。于是，将这些内部办公电话有效地连接起来，方便人们办公，而又不致占用更多的外线的集团电话就诞生了，它特别适合人数不多的部门、学校和公司使用。

集团电话是一种小型电话交换机，它由微电脑控制，不需话务员转接电话，是一种先进的办公用电话系统。它的话机有一组特殊的呼叫键，好像组成了一个通信集团，集团电话由此得名。集团电话可以将 5~6 部内线电话连接起来，共用一条外线，或者按 8 比 2、12 比 3 的配置连接内外线电话。人们只要通过一部电话主机，就可以方便灵活地按办公电话的要求，进行软件编程，设置各种功能。当外线打入时，集团电话可以自动帮你接入所需分机，无人接听时，系统内的电脑会告诉你主人的留言。

集团电话交换机

集团电话机与普通电话机也有所区别，它除了与普通电话机一样有号码按键外，还有许多显示线路状态和设置功能的按键。每部电话机都可以方便地接转外线打来的电话，并可监视外线使用情况。当你需要使用外线电话时，按下相应的空闲外线键，就可打出外线电话。内线电话和外线电话是相互保密的，所以绝不会相互干扰。

集团电话和程控电话一样，有许多先进功能和独特功能，比如呼叫转移、遇忙回叫、自动重拨、免打扰、内部通话、外线预约、免提话筒、电话会议和"秘书电话"等。

集团电话系统还可以和许多种办公设备相连接。有了它，就像聘请了一位聪明能干的小秘书，它不仅能为人们自动接转电话，还能收发传真、上网发送电子邮件、传达留言，甚至能够通过门控电话来迎送来访的客人。

如今，集团电话已经广泛应用于许多中小企业、机关、学校和写字楼中，集团电话也被称为办公室里的"秘书电话"。

移动电话

　　移动电话，通常称为手机，是可以在较广范围内使用的便携式电话终端。与移动通信技术相对应，移动电话也经历了三个发展阶段。

　　第一代是模拟的移动电话，也就是在 20 世纪八九十年代美国的影视作品中出现的"大哥大"。最先研制出"大哥大"的是美国摩托罗拉公司的马丁·库帕博士。由于当时的电池容量限制、模拟调制技术需要硕大的天线和集成电路的发展状况等制约，导致这种手机外表四四方方，只能算是可移动但算不上便携。很多人称呼这种手机为"砖头"或是"黑金刚"等。这种手机有多种制式，如 NMT、AMPS、TACS，但是基本上使用频分复用方式只能进行语音通信，收讯效果不稳定，且保密性不足，无线带宽利用不充分。这种手机类似于简单的无线电双工电台，通话被锁定在一定频率，所以使用可调频电台就可以窃听通话。

移动电话

　　目前在全球范围内使用最广的是所谓的第二代移动电话，通常这些移动电话使用 PHS、GSM 或者 CDMA 这些十分成熟的标准，具有稳定的通话质量和合适的待机时间。它以 GSM 制式和 CDMA 为主。它们都是数字制式的，除了可以进行语音通信以外，还可以收发短信（短消息、SMS）、MMS（彩信、多媒体短信）、无线应用协议（WAP），以及各式各样的 Java 程序等。在中国以 GSM 最为普及，

CDMA 手机也很流行。

　　一般说来，相对第一代模拟制式移动电话和第二代 GSM、CDMA 等数字移动电话，第三代移动电话与它们的区别主要是在传输声音和数据的速度上的提升，它能够处理图像、音乐、视频流等多种媒体形式，提供包括网页浏览、电话会议、电子商务等多种信息服务。目前，国际上 3G 移动电话有三种制式标准：欧洲的 WCDMA 标准、美国的 CDMA2000 标准和由我国科学家提出的 TD – SCDMA 标准。

基本小知识

电子商务

　　电子商务是基于因特网的一种新的商业模式，其特征是商务活动在因特网上以数字化电子方式完成。

◆ 小灵通

　　小灵通（PHS）的出现，使传统意义上的固定电话不再固定，它可在无线网络覆盖范围内自由移动使用，随时随地接听、拨打本地和国内、国际电话。

　　小灵通（PHS）无线市话技术源自日本，当年为了拯救景况不佳的固定电话业务，日本试验了一种被称作 PHS 的无线本地环路（WLL）技术，不过，它并没有在日本市场上取得太大的成功。在经过一系列的改进之后，美国 UT 斯达康公司将该技术引入我国。从 1997 年 12 月小灵通首次在杭州余杭开通试用，到后来在全国遍地开花，小灵通的发展经历了一个曲折的过程。但归纳起来，小灵通在中国的发展大致分为三个阶段：1996—1997 年为技术准备期；1998—2000 年为技术引入期；2001—2006 年为市场发展期。

　　1998 年 1 月，杭州余杭区正式开通小灵通，实行单向收费，月租费 20

元，资费每分钟 0.2 元，标志着小灵通正式进入我国市场。2000 年 6 月，原信息产业部下发通知，将小灵通定位为"固定电话的补充和延伸"，这标志着限制小灵通发展的政策有所松动。2002 年 8 月，小灵通在全国 200 多地市开通，系统网络容量达 1100 多万线，网上用户数超过 600 万。2003 年 3 月，小灵通在北京怀柔区放号，正式冲破"禁止在京、津、沪、穗发展小灵通业务"的政策限制。同年 9 月，UT 斯达康宣布中国 UT 斯达康小灵通用户人数突破 1500 万大关。2004 年 2 月，小灵通攻克最后一座

小灵通

大城市，正式进入上海市区。2006 年 10 月，据信息产业部统计，截至 2006 年 8 月底，中国小灵通用户达到 9300 万，海外小灵通用户超过 700 万，全球范围内的小灵通用户已经突破 1 亿。2007 年 8 月，小灵通终端充电器及接口也开始执行新的统一标准，小灵通充电器将可以和手机互通。

2007 年 11 月，信息产业部公布的数据显示，小灵通用户大量减少，10 个月减少 250 万用户。2008 年 5 月，我国小灵通用户已经跌破 8000 万，小灵通在移动资费的直线下调中全线崩溃。2008 年 10 月，工业和信息化部无线电管理局表示，小灵通所用 1900～1920 兆赫频段今后将用于 TD－SCDMA 的使用。2009 年 1 月，中国联通在公布 2008 年业绩预告时披露，将小灵通列入贬值资产。

2009 年 2 月，工业和信息化部经统计后宣布，截至 2008 年底，全国小灵通用户数已跌破 7000 万户大关。同时还给中国电信、中国联通下发相关文件，要求其在 2011 年前妥善完成小灵通退市的相关工作，以确保不对 1880～1900 兆赫频段 TD－SCDMA 系统产生有害干扰。这也就是说，小灵通将彻底退网，成为历史。

电视手机

电视手机是一种能够接收电视内容的手机。

目前，手机电视业务的实现方式主要有三种。

第一是利用蜂窝移动网络方式，如美国的 Sprint、我国的中国移动和中国联通公司已经利用这种方式推出了手机电视业务。中国移动的手机电视业务是基于其 GPRS 网络，中国联通则是依靠其CDMA 1X 网络。这种手机电视业务实际上是利用流媒体技术，把手机电视作为一种数据业务推出来。不管是 GPRS 手机还是 CDMA 1X

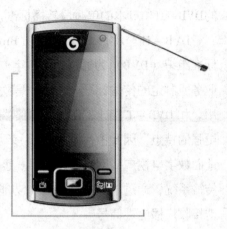

电视手机

手机，都需要在装有操作系统的手机终端上安装相应的播放软件，而相应的电视节目则由移动通信公司或者通过相应的服务提供商来组织和提供。

第二是利用卫星广播的方式，韩国的运营商计划采用这种方式。利用手机来接收卫星播发的电视节目信号是一个非常新颖的想法。目前只有韩国在力推这种手机电视广播方式（DMB）。据韩国 SK 集团称，这种 DMB 接收机能提供高质量的图像，使用该接收机模块的用户能够同时

数字电视

数字电视就是指从演播室到发射、传输、接收的所有环节都是使用数字电视信号或该系统所有的信号传播都是通过由 0、1 数字串所构成的数字流来传播的电视类型。它的特点是信号损失小，接收效果好。

接收地面无线电视广播和卫星电视广播的信号。目前韩国和日本的相应标准已经确定，这种模块将很快在这两地推出。而世界其他地区将会相对滞后

一些。

第三种是在手机中安装数字电视的接收模块，直接接收数字电视信号。目前，最被看好的手机电视技术方式是通过整合数字电视和移动电话的方式。这种方式需要在手机终端上安装微波数字电视接收模块，可以不通过移动通信网络的链路，直接获得数字电视信号。目前，手机数字电视标准只有欧洲的DVB－H和日本的单频段转播标准。

DVB－H 全称为 Digital Video Broadcasting Handheld，它是欧洲的数字电视标准组织（DVB）为通过地面数字广播网络向便携（手持）终端提供多媒体业务所制定的传输标准。该标准是欧洲的数字电视标准（DVB－T）的扩展应用。和 DVB－T 相比，DVB－H 终端具有功耗更低、移动接收和抗干扰性能更强的特点，因此该标准适用于移动电话、手持计算机等小型便携设备通过地面数字电视广播网络接收信号。也可以说，DVB－H 标准依托目前 DVB－T 传输系统，通过增加一定的附加功能和改进技术使手机等便携设备能够稳定地接收广播电视信号。

除了 DVB－H，日本则在其微波数字电视播放方式 ISDB－T 标准之下，制定了单频段转播标准。尽管这两种技术标准的功能相当，但它们之间仍有很大区别。单频段转播是将频率分割、带宽缩小，而 DVB－H 则采用时分数字多媒体广播的带宽、以脉冲方式发送各频道的数据。一般情况下，除接收所需频道的数据外，调谐器电路在其他时间均处于关闭状态，因此可有效减少耗电。

电视手机的出现，将使人们的生活方式得到很大的改变：晚上回到宿舍的学生，拿出电视手机，看看自己感兴趣的电视节目，那是一种享受；上下班的普通白领，在回家的公交车上，拿出电视手机，可以使烦躁的心情变得平静……电视手机也将越来越受人们的欢迎，走入千家万户。

➤ "隐形手机"

"隐形手机"是一款高端智能掌上电脑手机，除了超强的商务和连笔手写功能外，还有"隐形"功能。

所谓"隐形"，主要体现在三个方面：一是可以随心所欲地接听、接收电话和短信，不想接听、接收的全被过滤。二是除了机主本人外，任何人看不到发送和接收的短信，看不到通话记录。三是重要名片自动隐藏。也就是说他人根本就无法知道有无通话、短信和重要名片的存在。用这种手机，即使丢失，也不用担心个人重要信息泄露，所以它也受到越来越多人的青睐。

➤ 智能手机

智能手机，通俗地说，就是掌上电脑＋手机。从广义上说，智能手机除了具备手机的通话功能外，还具备了 PDA 的大部分功能，特别是个人信息管理以及基于无线数据通信的浏览器和电子邮件功能。智能手机为用户提供了足够的屏幕尺寸和带宽，既方便随身携带，又为软件运行和内容服务提供了广阔的舞台，很多增值业务可以就此展开，如：股票、新闻、天气、交通、商品、应用程序下载、音乐图片下载等。

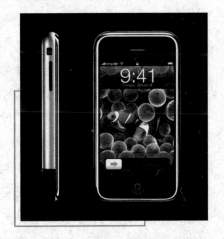

智能手机

一般来说，一部智能手机必备以下几个条件：

1. 具备普通手机的全部功能，能够进行正常的通话，发短信等手机应用。

2. 具备无线接入互联网的能力，即需要支持 GSM 网络下的 GPRS 或者 CDMA 网络下的 CDMA 1X、WIFI，或者 3G 网络。

3. 具备 PDA 的功能，包括 PIM（个人信息管理）、日程记事、任务安排、多媒体应用、网页浏览。

4. 具备一个具有开放性的操作系统，在这个操作系统平台上，可以安装更多的应用程序，从而使智能手机的功能可以得到无限的扩充。

我们可以说，融合 3C（即计算机、通讯和消费电子产品）的智能手机必将成为手机发展的新方向。

公共电视天线

如今，在人们家庭生活中，电视机已成为不可缺少的电器之一。然而，随着我国城市建设的加速，一幢幢高楼大厦拔地而起，再加上各种工业、移动通信、电力高压线路以及家用电器的电磁干扰，要想清楚地收看越来越多的电视频道播放的电视节目，室内电视天线就显得力不从心了。但是如果采用了公共电视天线系统，收看效果将明显不同。

我们知道，电视信号是一种电磁波。它在空中像光线一样沿直线视距传播。一般室内电视天线安放在屋内某一位置，由于高层建筑大多是金属框架，容易使电视信号产生又多又乱的反射波和折射波。而且，电视信号经周围的高层建筑、树木、室内各种家具、墙壁阻挡和多次反射折射后，会引起信号衰减，信号强弱不一，到达天线的先后次序不一样。这些都会使室内天线在接收同一频道电视信号时，在屏幕上出现重影，影响清晰度。另外，电视信号在大气中传播时，会受到各种高频电磁波的干扰，从而影响电视图像的稳定度，产生雪花干扰。还有，现在电视台播放的节目频道越来越多，但一般电视天线只能理想地接收一个频道的电视节目，而全频道接收天线，由于要接收多个电视频道，设计时只能取信号的平均值，这样图像清晰度也会下降。

与室内天线不同，公共电视天线系统将各家的电视天线纳入一个公共天线系统，把它架设在尽可能高的位置，以避免周围山头和楼群的阻挡。它将电视台发射的各频道的电视信号，用相应的多副高增益天线进行接收，然后把多路电视信号转换成一路含有多套电视节目的宽带电视信号，通过一根高频电缆线向用户端进行传送。在边远地区或电视信号弱的地方，还要加装放大

公共电视天线系统

器，将微弱的电视信号放大，最后，通过分配器和分支器将各路电视信号传送到各家各户的电视机上。采用公共电视天线后，接收信号强、杂波干扰少、图像清晰、伴音质量好、收看节目多。一套公共电视天线系统，可供十几家，甚至成百上千家电视机共用，既节省了投资，还解决了避雷的问题。

正是因为公共电视天线系统有如此多的优点，所以当前许多城市的大饭店、机关、学校、居民小区都安装了它。人们甚至还利用它开办了自己的电视节目。

◆ 数字机顶盒

数字电视机顶盒英语名称为 Set Top Box，简称 STB，通常称作机顶盒或机上盒，是信息家电之一，是一种能够让用户在现有模拟电视上，观看数字电视节目，进行交互式数字化娱乐、教育和商业化活动的消费业电子产品。它把电视机与外部信号源连接起来。它可以将压缩的来自有线电缆、卫星天线、宽带网络以及地面广播的数字信号转换成电视内容，并在电视机上显示出来。机顶盒接收的内容除了模拟电视可以提供的图像、声音之外，更在于能够接收数据内容，包括电子节目指南、因特网网页、字幕等。用户可以通过机顶盒内置的浏览器上网的，发送电子邮件。同时机顶盒也可以提供各种

接口与 PC 相连，用 PC 与因特网连接。

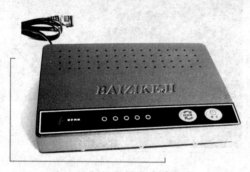

数字机顶盒

不同的运营商和不同的机顶盒厂商按照不同的应用习惯将 STB 分成基本型、增强型、交互型等几种，运营商对数字电视理解和应用水平的不同对 STB 的划分也有所不同。大多数的运营商将基本型定义成仅支持视音频服务和接收电子节目菜单（EPG）信息，不支持数据浏览和其他应用，而将这些应用放在所谓的增强型中；把具有双向功能的 STB 定义为交互型。

选用的芯片不同，构成的硬件平台就不同，配备的其他设备和接口也不同，这就组成了多种多样的 STB。例如，在 STB 中加上调制解调器或网卡，就构成了一个具有双向功能的机顶盒；加上硬盘就构成了个人视频录制器，当然这些都需要软件的配合。在同一个硬件平台上通过安装不同的软件也可以构成不同应用的机顶盒，而多样化的 STB 满足了不同层次的需求。

基本小知识

硬件平台

硬件平台指的是软件运行的环境，每一种硬件平台都有自己的特性，每一种软件都有唯一可以运行的硬件平台。

数字机顶盒不仅是用户终端，还是网络终端，它能使模拟电视机从被动接收模拟电视转向交互式数字电视（如视频点播等），并能接入因特网，使用户享受电视、数据、语言等全方位的信息服务。目前，有些人认为机顶盒就是用来使电视机上网，这是一种认识上的误区。实际上，数字机顶盒是在走普及数字电视机之前先作为宽带综合信息网的组成成员这一道路。

总之，机顶盒作为数字电视标志性的产品，有着广阔的发展空间。我国已经成为了全球最大的机顶盒生产制造中心。2007年，我国机顶盒市场中以有线机顶盒为主。机顶盒市场出货量达到了6500万台以上，相比2006年增长41.3%。有线机顶盒市场保有量在2007年底突破了2500万台，相比2006年增长了近60%。2008年，我国数字电视进入了蓬勃发展期，除有线数字电视仍旧表现出强劲增长势头外，地面数字电视随着2008年北京奥运会的成功举办也有了突破性的发展。

毫无疑问，数字电视节目的普及已成为必然趋势，而我国现行的"模拟电视＋机顶盒"的转换形式使机顶盒市场蕴藏了巨大商机。

📡 卫星电视

我们平时看到的电视节目，都是从电视台发送出来的。电视台通过发射机和发送天线，将载有电视图像和伴音电信号的无线电波向四面八方发送出去，这样电视台周围地区的千千万万台电视机才能收看到电视节目。

要想让更大范围的人能够收看到电视节目，就必须增加无线电波的传播距离，扩大电视接收的地域范围。要达到这个目的，除了增强发射机的输出功率，最经济有效的办法是加高发送天线。发送天线架设得越高，电视台发送出去的具有直线传播特性的超高频无线电波，就能传播得越远，使远离电视台地区的电视机也能接收到电视节目。所以，电视台的发送天线，大多架设在高耸入云的铁塔尖上，或架设在当地最高的山顶或建筑物平台上。

但是，电视发送天线架设的高度，会受到客观条件的限制。在这个问题面前，科学家想到了高悬在地球赤道上空35770千米处的人造通信卫星。他们设想将电视天线架设在卫星上。根据计算，从一颗距地面35770千米的卫星上发送出去的电视节目，地球上约1/3地区的电视机都能接收到。因此，只要有3颗这样的卫星，就能实现全球电视节目的卫星接收了。这样，世界上任何国家发生的新闻，通过卫星电视，顷刻间，就能传播到全世界，坐在家里，也能即时了解远在几千千米之外的新闻大事。

知识小链接

通信卫星

通信卫星一般由卫星结构、电源系统、温控系统、姿控系统、天线系统、转发器系统等组成。通信卫星按轨道可分为静止通信卫星和非静止通信卫星；按服务区域不同可分为国际通信卫星、区域通信卫星和国内通信卫星；按用途可分为专用通信卫星和多用途通信卫星。通信卫星带来的社会经济效益极大，卫星电视便是通信卫星的主要功能之一。目前还在轨道上运行并使用的各类卫星中，通信卫星数量最多，达到200颗左右。除各国自行经营的通信卫星外，一些国际组织也经营了许多通信卫星，进行商业运行，其中最著名的是国际通信卫星组织。国际通信卫星组织招标研制、发射、经营的国际通信卫星至今已经发展到第八代，每一代都在体积、重量、技术性、通信能力、卫星寿命等方面有一定提高。

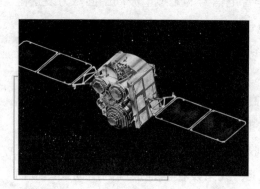

人造通信卫星

卫星上除有发送天线外，还有接收天线、放大器、变频器等电子设备。电视台先将电视节目发送给卫星。卫星接收后，经过放大、变频等技术处理，再用它的发送天线向地面转发下去。地面上的千千万万台电视机，只要安装了专用的卫星接收天线和接收机，就能在荧屏上看到从卫星上发送下来的电视节目了。在高大建筑物的平台上，在民用住宅的屋顶上，一座座朝向天空的碟状金属盆架，就是用来接收卫星电视的专用天线。

▸ 图文电视

图文电视也叫"电视文字广播"。它是一种利用现有电视广播网进行数据传输的信息系统。它采用一种数据广播技术，在电视台正常播出电视节目的同时，它把文字和图形的数字信号叠加在电视广播信号的场逆程中，与普通电视节目同时由电视发射塔发射出去，传送新闻、气象、交通、文

图文电视接收机

体活动、图书、证券、股票市场等方面的图文信息。由于图文电视常常以杂志的形式，由若干图文画面组成，备有图文电视接收设备的用户，只要通过电视接收天线，就可以收看到来自发送端的大量文字和图形信息。人们可以根据目录页提供的索引页号，如同看报纸一样"翻看"自己感兴趣的信息页，而这些都是通过自己手中的遥控器，在电视机前按键操作，随意选择来实现的。难怪有人将图文电视称为"电视报纸"或"电视杂志"呢。

图文电视作为一种新颖高效的信息传播手段，具有一般传播媒介所不可比拟的优点。首先是覆盖面广，凡是可以正常接收电视台信号的地方，都可收看到图文电视节目；其次是信息容量大，传递速度快，可同时传送几十套信息。它可以利用各行各业的数据库作为信息源，灵活地提供多方面信息；此外，图文信息比起有线网，其使用成本较低，是一种可以面向大众而内容广泛的电子媒介，是受人们欢迎的丰富多彩的电视"杂志"。

图文电视是一种新颖的电视播出方式。图文电视播出的画面与照相胶卷底片相类似，每两幅之间也有一段空隙。图文系统就是将所要播出的信息经数字化编码处理后，夹在这些缝隙中，与正常播出的电视节目一起播出。

目前，我国已经研究出专门接收图文电视节目的电视机。它除具有普通电视机接收电视节目的功能外，还能将叠加在普通电视信号上的图文电视数据分离出来，经存储、编码、切换，然后在屏幕上显示出静止文字图形画面，而且文字信息可以用汉字显示。用普通电视机再配置一个解码器，也能收看图文电视节目。除此之外，将图文电视接收卡插在计算机上，再和普通电视连起来，也能接收图文电视节目，并可随意查询所需资料；必要时，还可接上打印机，将信息资料打印出来，以备日后查用。

图文电视通信技术的出现，使信息高速公路直接延伸到了百姓家庭，使人们坐在家里，就能及时收看各类信息。因此，图文电视深受人们的青睐，被人们称为生活的好顾问、企业领导的好参谋、厂家参与市场竞争的好助手。

交互式电视

交互式电视是一种双向电视，用户能通过这种电视屏幕上的信息窗对信息作出回应，使观众和电视机屏幕上的信息或节目建立一种双向联系。交互式电视，并不复杂，只需要一台普通的电视机、一个普通的遥控器，再加上一个与电话线相连的转换器三个部件就可以了。

1995 年 6 月 22 日，英国电信公司在英国科尔切斯特和伊普斯威奇进行了世界上最大的一次交互式电视实验，涉及 2500 个用户，在公布的实验调查结果中，他们称："用户对交互式电视的所有服务项目均感兴趣，他们的反映是积极的。"

通过交互电视，观众可以检索播放影片。影片可以像放录像那样快进、快退和暂停，画面、声音质量可与激光视盘相媲美。这些影片是通过电话线从英国电信公司的计算机中心传输过来的，那里存有大量影片资料。技术人员首先将普通电影转换成计算机能够处理的数字信息，经过数据压缩后存在计算机中。观众选择某部影片时，该影片的数字信息就传输到交互式电视中。由于采用了并行处理技术，存在磁盘上的一部影片可供 518 个用户同时观看。英国电信公司的技术人员解释说，电影是由一个个画面组成的，用户同时观看时开机时间也有先有后，每个用户在某个时刻所需要的画面通常不会相同，计算机依次将不同的画面传到用户的电视上，所以影片能够同时让多个用户观看。

除了观赏电影，英国电信公司的交互式电视还提供节目点播服务，包括儿童节目、教育节目、音乐节目、当地动态、电视购物、电子银行、电子游戏以及电子广告等项目。用户只需支付几英镑至几十英镑就可享受这些服务。

最能体现"交互"效果的是电子游戏项目。在演示中心的工作人员表演了电子台球游戏：游戏的参加者可不在同一个地方，他们通过电话线连接起来。当一个选手在交互式电视上"击"出一球时，所有参加者的电视屏幕上都会出现这一杆的结果，如果轮到下一位，那么他们就可接着玩下去，如同真的在同一个台球桌上比赛一样。

英国电信公司进行交互式电视实验的主要目的是进行市场调查，以摸清用户到底喜欢什么，并愿意为这种服务支付多少钱。

交互式电视的发展无疑会戏剧性地改变大众收看电视的方式，例如可利用交互式电视购物，开展远方课堂教学，搞大型集体电视游戏，进行投票选举和民意测验，或者进行证券交易等。

 家庭影院

家庭影院，顾名思义，就是将电影院搬到家中，使你在家中能够获得身临其境的现场感、惊心动魄的紧张感。家庭影院之所以能够使你体验身临其境的强劲震撼，除了因为家庭影院配置的大屏幕彩色电视机所播放的现场画面外，另一个更重要的原因，就是家庭影院营造的特殊的声音气氛。

在标准的电影院里，在银幕左右、电影院两侧和后墙上都挂着一些音箱，随着电影情节的改变，声音的位置在电影院左右前后甚至上下移动，从而使看电影的人受到强烈的刺激，生出陶醉和震撼之感。

家庭影院

这种现场感正是眼睛看到的画面和耳朵听到的到处移动的声音共同刺激的结果。而声音到处移动，就是由这些音箱制造出来的。家庭影院类似电影院，在大屏幕彩色电视机两旁、上面、观众背后等位置，配备了5～6个音箱，这些音箱把声音进行科学有机地组合，播放出杜比定向逻辑环绕声，从而使你产生非常真实的身临其境的感觉。

需要特别指出的是，播放杜比定向逻辑环绕声的5～6个音箱，它们的作用各不相同：紧靠在电视机左右两边的两个主音箱主要营造身临其境的动态气氛，它既能渲染强烈的现场声音环境，比如万马奔腾的震撼，又能表现出现场一些细微的声音变化，比如铃铛从奔马的脖子上跌落下来碰撞石头、又从石头上反弹起来的清脆回声；放置在电视机上面的中置音箱主要传出清晰传神的人物对话；观众背后左右两个后环绕音箱主要表现四周空间的声音气

氛，比如，小鸟鸣叫着从你右侧绕到身后、在你身后上下鸣叫一番后又绕到左侧鸣叫的声音效果，这两个后环绕音箱最能表达声音可以四边跑的音响效果。家庭影院中还有一个超低音音箱，俗称"低音炮"，它和上面讲的两个主音箱中的低音喇叭配合，更能真实地再现沉闷的回声，比如大象、恐龙沉重的脚步在地上奔跑的回声以及脑袋砸在空心木板上沉闷的回声等，"低音炮"表达这种雄浑、厚实的声音，可以比现场更加传神。不仅如此，家庭影院还能模拟出圆顶教堂、拱形体育馆的回声效果，模拟歌舞厅、爵士俱乐部表演的现场传声效果。

　　总的来讲，作为现代电子科学技术结晶的家庭影院，完全可以真实地再现雄浑激昂的盛大场面，演绎细腻传神的自然音色，人们在小居室就能感受到身临其境的强劲震撼。

◆ 电视会议

　　电视会议是近年兴起的一种通信方式，是用电视和电话在两个或多个地点的用户之间举行会议，实时传送声音、图像的通信方式。它一般由一个主会场（例如设在北京）和若干个分会场（例如设在上海、重庆、广州）组成。每个会场事先都配备一套功能齐全的视听电子设备，并且由一个"多媒体计算

电视会议厅

机网络中心"进行控制和管理。这个中心通过网络、多媒体等高新技术，把主会场和各分会场的声音、现场图像、文件资料等各种信息汇集起来，进行加工、处理，同时又及时将必要的声音、图像信息传输到各个分会场上去，使得分会场的人能看到主会场的主持人、报告人的形象，听到他们的声音；

而主会场的人也能看到、听到各个分会场的发言和反应，使得所有参加会议的人即使相隔很远，仍然感觉到好像面对面地聚集在一起，和对方进行"面对面"的交谈。

电视会议的问世改变了以往的会议模式。它大大缩短了人与人之间面对面通信的距离，节省了大量不必要的开支，如会务费、差旅费等，节省了与会者的宝贵时间，大大提高了工作效率，所以，电视会议越来越受到各国管理人员的欢迎。

广角镜

会务费

会务费是指因为召开会议所发生的一切合理费用，包括租用会议场所费用、会议资料费、交通费、茶水费、餐费、住宿费等。

远程教学

远程教学，是利用计算机网络进行教学的一种模式。所谓远程，就是指老师与学生可以不在一起，同学与同学也可以不在一起。所以，我们通常将采用远程教学方式进行教学的学校称为网络学校。与一般的学校相比，网络学校有几个突出的优点。

第一，同学们可以根据自己的能力和意愿自主地学习、讨论和考试。因为教学计划是精心组织的，学习时可以有许多选择。如果你觉得这部分比较好懂，可以要求学习得快一点；如果你觉得那部分不太好懂，可以学习得慢一点；如果你对于某个部分兴趣浓厚，可以要求提供附加的资料，进行进一步钻研。网络学校有自动的答疑系统，对于教学范围内的问题都能立即给予答复。同时，同学们可自由地就某个问题在网络上发起讨论，畅所欲言、各抒己见。同学们可以随时通过网络与老师交流意见，老师通过网络给予指导。网络设有庞大的试题库，考试的出题和评分都可以由计算机自动完成，可以做到大家的考题不同，但难度相同。因而同学们可以自己决定考试的时间和地点。

　　第二，教材不单单是文字和插图，还可以配上优美的声音、可爱的动画和漂亮的图像等多媒体信息，甚至还可以采用虚拟现实的技术。当学习到我国的故宫博物院时，你可以身临其境似的到里面参观一番；在学习人体解剖时，你还可以到血管里、胃里"转悠"一下。这样学习多么有趣啊！

远程教学教室

　　第三，每一部分教材都由最好的、最有经验的老师来编写。对于已经在网络学校使用的教材，无论是老师、学生，还是家长或其他人都可以提意见。因而，教材将会不断改进，越编越好。

　　目前，远程教学有两种形式。一种是采用万维网的形式，教材集中放在服务器上，老师和学生采用浏览器进行教学。另一种是采用电视会议的形式，老师和学生们可以相互看到对方，听到对方讲话。我国已经成功地开设了好几所网络学校，都采用第一种方式。

　　当然，远程教学还是个新生事物，还在不断发展和完善中。不久的将来，同学们通过网络就可以找到最好的学校、最好的老师、最好的课程。到那时，大家再也不必担心本地没有好的学校，再也不必担心考不上重点学校了。

▶ 家庭网络

　　所谓家庭网络，就是建造在家庭中的计算机网络。你把家中的几台计算机连在一起，也算是一个家庭网络。但是，今天家庭网络的含义已经远远超出了这些。家庭网络的目标不仅是把计算机连起来，而且是把所有的家用电器和其他的设备都连接起来，营造一个舒适、温馨的家庭环境。

家庭网络的功能大致包括三方面的内容：家庭安全、家用设备自动化和家庭通信。在家庭安全方面，家庭网络要连接防盗、防火、防煤气泄漏等各种控制和报警装置，还要连接摄像机这类监视设备以及呼救装置。在家用设备自动化方面，家庭网络要连接电灯、电视机、音响、电冰箱、洗衣机、电饭煲、电烤箱、微波炉、窗帘开闭机、数码相机以及电表、煤气表和水表等设备。在家庭通信方面，家庭网络要连接计算机、电话机、传真机等设备。家庭网络的基础是结构化综合布线。

如果建造了这样的一个家庭网络，你就可用一个遥控器来操作和控制所有的家用设备了。随着你的到来和离去，客厅、过道、卫生间里的灯可以自动打开和关闭。你在书房里制作的多媒体节目，可以传到客厅的视听设备上播放。家庭网络还可以自动调节家中的温度和湿度。如果将办公室的计算机连到家庭网络上，你坐在办公室里，就可以看到摄像机和数码相机摄下的镜头和照片；可以查看各种设备的状态，例如煤气开关是否关好了，如果没有关好，你可以让它关好；还可以让电饭煲自动把饭煮上。如果家里来了窃贼，你的手持计算机会立即向你发出警报，你就可以让家庭网络自动拨打 110 报警电话。

电子词典

随着科学技术的发展，一种称为电子词典的高技术产品迅速在全球推广开来。不光是那些小学生、中学生，就是那些商人也可能准备一台，以便随时记录和查找经济活动中的重要信息。那些政府官员、企业领导及事务活动繁忙的工作人员，也开始感受到电子词典的重要性，纷纷在自己的衣袋里换上了电子词典，以提高工作效率。

电子词典为什么会如此受青睐？从外观看，其大小比普通的笔记本小很多，小的只有名片大。其核心是用超大规模集成电路做成的微型处理器和数据存储器，由处理器控制电子词典的运行。通过上面的标准英文键盘，能够输入英文、汉字、数字等信息，然后在其液晶屏幕上显示出来，完全是一台独立运行的掌上型个人计算机。

既然称为电子词典，那么其主要功能就应该体现在查阅英汉、汉英字典上。目前的电子词典里一般装有 5 万到 50 万个不等的英文单词。电子词典不仅能够在液晶屏幕上显示翻译出来的句子和单词，还能自动模拟真人的声音读出来。

电子词典

除此之外，当前的电子词典还扩展了许多功能。它的第二项功能便是记事功能，也就是人们通常所说的电子记事簿。人们将所要记录的信息存到机器中去，并设定重要事情的约会提醒；也可将名片上的姓名、单位、地址、电话、手机号等信息按顺序录入，随时查找或修改，形成自己的名片数据库。

电子词典的第三项功能是名目繁多的计算功能。在电子词典上，不仅具备传统的运算功能，还有利息计算、汇率换算、度量衡转换、统计公式等经济工作中要用到的计算方法。运算结果能在液晶屏幕上以曲线和图表的形式直观地显示出来。

电子词典的第四项主要功能是计时功能。电子词典不但有日期和时间显示，还有万年历及公历农历对照。为了方便国际旅行，还带有世界各地时区的转换功能。

丰富多彩的学习娱乐项目也是电子词典独特的优势。像电子游戏，历史事件，大事年表，财务账目，飞机、火车、汽车、轮船时刻表，电话区号，邮政编码等常用信息均可在电子词典中找到。

一些用惯了电子词典的人士称其为集传统词典、计算器、记事簿、游戏机、高级时钟于一身的信息百宝囊。

 电子墨水与电子图书

现在，电脑已经走进了普通人的生活。虽然台式电脑可以存储大量的信息，笔记本电脑更是可以让你随身携带这些信息，但是由于笔记本电脑以及类似的便携式信息装置使用液晶显示屏，工作起来耗电大，液晶显示在阳光下也看不清楚等，所以，一种装有计算机芯片的电子图书便开始崭露头角。

你知道吗

液晶显示屏

液晶显示屏，英文通称为 LCD，属于平面显示器的一种。它主要用于电视机及计算机的屏幕显示。

为了使电子图书比笔记本电脑更方便携带、显示更清晰、功耗更低，有人想到了使"墨水电子化"的方法。美国麻省理工学院把这项研究计划变成了现实，并且其基本技术已由物理学家乔·雅各宾领导的一个小组在该学院的媒体实验室里研究成功。

电子图书的工作原理简单地说，就是使电子图书中的每页纸上都埋有千百万颗装在微囊体中的微粒。各个微囊体均能独自与电荷发生作用：囊中微粒向后移动呈现暗黑色，向前移动则呈现亮白色；微粒移动方向取决于所施加的是正电荷（亮白）还是负电荷（暗黑）。每个微囊体约为 40 微米大小，比人的头发丝还要细一半。

一个给定的页面要用的微囊体，数目十分巨大。譬如，页面上一个字母"A"可能是用 1000 个微囊体组成的。乔·雅各宾说，字母越小，所用的微囊体数目越多，清晰度才会越好。计划要实现的目标是，电子图书"纸面显示分辨率"要比今天的电脑屏幕高。目前，字母本身是静态的，要进行动态变化还有问题。但从理论上讲，微囊体可以通过编程在黑白两种状态间快速翻转，这样便可给人以图像运动的感觉，例如以此表示汽车是如何开动的。

由于采用电子墨水，电子图书接收藏在书脊中的电子设备对每一页所发出

的指令，就可自行进行排版。从耗电角度考虑，此过程中电子图书工作效率非常高。这与液晶显示屏完全不同：液晶显示屏工作时始终要耗电，而电子图书页面排版一旦完成，人们阅读时不再耗电。也就是说，笔记本电脑及其液晶显示屏需要使用大电源，而电子图书只要求使用一个小电源，两者差距明显。

电子图书吸引人们的主要特点就是方便。这里不是仅仅指携带方便而言。由于信息是以电子方式存储的，人们可方便地对其进行各种处理。例如，为了便于阅读，可让字体显示大一些；还可用电子笔在页边作注释，把自己的评论存放在书脊中可插拔的刷新存储卡上。

将来发行的电子图书，可能都预先存储了某一类图书的选集，另外通过刷新存储卡可供读者选购各种新的选集。乔·雅各宾认为，读者实际上可通过内置在书脊中的调制解调器和亚马逊之类的网址，去访问国际互联网上的在线书店，在浏览书店的过程中把感兴趣的新书下载到电子图书的刷新存储卡上，而接收一本新小说的时间大约只要一分钟。如果

拓展阅读

调制解调器

调制解调器是一种计算机硬件，它能把计算机的数字信号翻译成可沿普通电话线传送的脉冲信号，而这些脉冲信号又可被线路另一端的另一个调制解调器接收，并译成计算机可懂的语言。这一简单过程完成了两台计算机间的通信。

在海边度假，人们通过简单的按键操作，即可随意从网络上挑选几本适合自己口味的好书，下载后便可从容阅读了。

▶ 录像机

录像机是一种用来采集图像的机器。录像机一般采用两个微处理器工作。一个是主控微处理器，另一个是定时微处理器。两个微处理器和一些外围电

录像机

路设备构成了录像机的定时与控制系统，担负着控制整台录像机正常工作的任务。主控微处理器负责录像机的主工作系统，确定录像机的工作状态，控制录像机的机械动作，同时它还接收定时微处理器送来的信息，并送回操作指令，协调各种动作。定时微处理器完成对频道预选、按键扫描、显示及定时记录等功能的控制。

微处理器

　　微处理器是用一片或少数几片大规模集成电路组成的中央处理器。这些电路执行控制部件和算术逻辑部件的功能。微处理器与传统的中央处理器相比，具有体积小、重量轻和容易模块化等优点。微处理器的基本组成部分有：寄存器堆、运算器、时序控制电路，以及数据和地址总线。微处理器能完成取指令、执行指令，以及与外界存储器和逻辑部件交换信息等操作，是微型计算机的运算控制部分。它可与存储器和外围电路芯片组成微型计算机。

　　录像机上有电视调谐单元，因此它能够直接接收并记录电视节目。通过操作录像机面板上的按键，我们可以选择所要接收的电视频道。录像机还具有自动选台的功能。比如，我们可以通过预置按钮将录像机的通道 1 调谐到北京新闻台的频率上；通道 2 调谐到北京体育台的频率上。这样，今后只要按录像机上的通道 1 就可以接收北京新闻台的节目，按通道 2 就可以接收北京体育台的节目了。

　　录像机有多种工作状态，如重放、录像、停机等。当你按下某一按键时，按键的状态信息就送入定时微处理器中，经它判别后，传送到主控微处理器，主控微处理器就进入相应的工作状态。主控微处理器控制各部分电路进行相应的工作状态切换。定时微处理器能随时将录像机的各种不同工作状态显示在屏幕上。只要对两个微处理器进行适当地设置，就可以根据使用者的需要及录像机的状况，使录像机自动从一种工作状态转换到另一种工作状态，按照事先编制好的工作程序自动完成录像功能。

📃 磁　带

　　磁带是一种保存声音的介质，它是由聚酯薄膜带基和均匀地涂敷在上面的粉状磁性材料构成。磁带机在录制声音信号时，声音信号要先通过话筒，转变成与之相应的电流信号，进入磁带机上录音磁头中的线圈。此时，根据电磁感应中电能生磁的原理，线圈周围会形成与声音电流相应变化的磁场。当磁带在传动机构带动下通过录音磁头时，磁带上的磁性材料立即被磁头内线圈附近的交变磁场磁化，并在磁带上留下与声音电流相应变化的磁性（剩磁），剩磁起到了以磁化的形式将声音信号录制下来的作用。

　　要重放声音信号，只要把录有声音信号的磁带，通过放音磁头播放就可以了。根据电磁感应中磁也能生电的原理，磁带上的剩磁会在放音磁头的线圈中产生与声音信号相应变化的电流信号。随后，通过磁带机上的放大器将电流信号放大，并在扬声器中放送出声音信号。

趣味点击　　电磁感应现象

　　电磁感应现象是指放在变化磁通量中的导体会产生电动势。此电动势称为感应电动势或感生电动势，若将此导体闭合成一回路，则该电动势会驱使电子流动，形成感应电流（感生电流）。

　　在磁带机录制和放送声音信号的过程中，磁带机采用的是一种"模拟化"的方法：线圈中的电流和磁带上的剩磁，都是模拟声音信号变化的。由于受

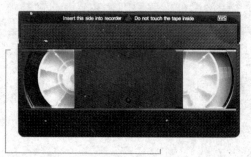

磁 带

外界环境和物理条件的影响，要模拟得一模一样是有一定难度的，因而就会造成一些失真，低音和高音部分尤为明显。由于音乐信号具有宽广的频率范围，因此在录制和重放时会出现高音贫乏、低音不饱满等弊端。加上多数磁带机上的放大器和扬声器对具有宽广的频率变化范围的音乐信号适应性较差，重放出来的音乐，往往效果不尽如人意。另外，磁带在录制或重放时，要不断地连续转动，与传动机构及磁头发生接触和摩擦，这会致使磁粉受损脱落，出现"咝、咝、咝"的噪声，影响音响效果。

➡ CD

CD 是一种存放数字音频信号的光盘，通常被称为激光唱片。它是用聚碳酸酯作片基，表面镀有一层银色金属薄膜的圆形盘片。录制时，声音信号先通过话筒转变成相应的声音电流，再在一种叫做模数转换器的装置中，通过取样、量化、编码等技术处理，转换成一组组用"0"和"1"数字表示的脉冲电流（"0"表示无电流，"1"表示有电流），如此便可控制激光发射器，使激光在有脉冲电流时就发射，在盘片上打击出一个极微小的凹坑。一张直径为 12 厘米的标准型 CD 盘片上的凹坑多达 25 亿个，因而可存储大量信息，记录或重放时间可长达 74 分钟。采用这种数字化方法在盘片上录制的声音信号，只是一连串的凹坑，它不受环境及物理条件的影响，保真度极高，几乎没有噪声。

在 CD 机上重放时，激光束照射在 CD 片的凹坑上，随着 CD 片的转动，激光束会从凹坑上不断反射出来。由于激光束在凹坑中和平面上的反射光束具有截然相反的特征，因此，在光接收器中通过光电转换，就会输出一连串对应于"0"与"1"的脉冲电流，再在数模转换器中还原出声音电流。在这个过程中，没有失真，也没有机械磨损。此外，CD 机中配置的放大器和扬声器，大多有很高的保真度，可允许通过的电流信号的频率变化范围也十分宽广平坦，覆盖了人耳的听音范围，能真实地重现出录制时的音响效果。

▶ VCD

大家知道，数字化的图像和声音信号的数据量是非常大的。一般来说，屏幕上图像变换在每秒 10 帧左右时，观看者会觉得图像是间断的；每秒图像变换在 15 帧左右时，仍然会让人有跳跃感；只有当图像变换达到每秒 25 帧以上时，才能使人觉得画面是连续变换的。每帧画面所含的信息量视用来显示图像的屏幕大小、分辨率高低、色彩的丰富程度不同而有所差异。如果将未经压缩的活动图像的数据直接记录到直径为 12 厘米、容量为 650 兆字节的光盘上，那么每片光盘只能记录 24 秒左右的电视信号，这显然没有实用价值。

为了能在一张光盘上存放较长时间的音频和视频信号，在 CD 家族中诞生了新秀 VCD。它大小和 CD 一样，但在制作时采用了一种叫作"MPEG－1"的编码规则对数据进行压缩。制作时先将声音和图像数据进行压缩处理，然后把压缩后的数据"刻"录到空白的光盘上。通过这样的制作，一张空白 VCD 上就能存放 74 分钟左右的电影或卡拉 OK

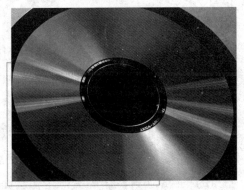

VCD 光盘

节目。在播放 VCD 时，通过激光阅读装置读取的数据，必须借助于计算机或专用微处理器芯片进行解压缩，经过解压缩后的数字视频信号和音频信号才能送到图像和声音输出装置，使观众听到美妙的音乐，看到清晰的图像。

基本
小知识

解 压 缩

解压缩就是将一个通过软件压缩的文档、文件等各种东西恢复到
压缩之前的样子。解压文件的方法是：右击图标—解压文件—确定
（前提为安装过相关解压软件并关联过右键菜单），解压完成以后就会在压缩文
件所在目录出现一个新的文件，这个文件就是你解压出来的文件，但它也有可
能不是一个文件，而是由多个文件所组成。

通常用 VCD 机来播放 VCD，也可用配置了相应软件的计算机来播放
VCD。VCD 机除了能播放 VCD 外，还能播放 CD，但专用的 CD 机却不能播
放 VCD。

数码相机

摄影技术从诞生到今天，已经走过了一个多世纪的路程，相机也从最古
老的简易木匣子，发展到现在具有自动对焦、自动曝光、电动变焦等多种特
殊功能的电子化的相机。然而不论相机的外观有了多少变化，内部器件多么
电子化，但它们的取像原理一直没有改变：拍照时通过镜头、快门把景物反
射的光线聚焦投射到底片上，底片上的感光剂因此出现化学变化而产生影像；
拍过的底片拿去冲洗店经另一轮化学处理，才得到最后的影像结果，这就是
我们常见的相片。

数码相机虽然也靠镜头、快门摄取景物，但感光的媒介不是涂满感光剂
的底片，而是电子式的影像感测器。这个感测器直接把景物反射光线转为数
码信号，再作进一步的处理和存储。所以数码相机不用底片，而使用快闪储
存卡。由于景物影像已变成数字化信息，因此数码相机可以与个人电脑连通，
配合使用。

数码相机使照相不再限于洗出一张相片，而可以通过个人电脑将拍来的影像进行色彩、光度、轮廓的修补，甚至可以给原始图像制作完全不同的效果。

数码相机的摄影过程可分成影像输入、影像处理和影像输出三大部分。

1. 影像的输入。对输入的影像进行数字化处理是数字式摄影系统的特点，目的是为了将摄取的影像转换为可由电脑处理的数字信息。数码相机本身就能对摄取的影像进行数字化处理，采用电荷耦合元件来接收影像信号。

数码相机

2. 影像的处理。影像处理主要是对进入计算机中的数码影像进行修整和再创作。我们将影像导入计算机后，可利用专业软件对图像进行曝光、反差、色彩调节、裁剪、放大、缩小、翻转、拼接、合成、变换背景、变形、浮雕效果、马赛克效果等特殊技术处理。这些都是传统摄影无法做到的。

3. 影像的输出。影像的输出是指在数码摄影过程中通过某种设备来显示照片的过程。常用的显示设备有显示器、高分辨率激光或喷墨打印机。也可通过专用的数码胶片记录仪获取传统的彩色负片和彩色正片，或通过数码打印机获取传统的彩色照片。

◉▶ 电子邮件

电子邮件，英文名称是 E – mail，在国际上的正式名称为文电处理系统，是在互联网上建立的个人信息收发、中转的站点。

早期的计算机网络研究人员意识到计算机网络能够提供一种个人之间的通信方式，而且这种通信方式应该是将电话的速度和邮政的可靠性相结合。

计算机通过网络即时传送文件或信件到千里之外的另外一台主机的存储系统，然后用户就能在计算机上打开此文件，通过显示器阅读或用打印机打印。这种用电子手段交换信息的通信方式便是电子邮件。

电子邮件的用户只要拥有一台计算机，同时拥有一个信箱名，就能在任何地点、任何时间，通过计算机网络进入电子邮件系统。电子信箱的基本操作包括"打开""关闭"和"清空"，对电子邮件的操作则包括"取出""发送""转发"和"阅读"等。

电子邮件起初是用来实现两个人通过计算机进行通信的一种机制。最早的电子邮件软件只提供了这个基本机制，而现在的电子邮件系统还能提供各种复杂的通信和其他交互式的服务，包括：①将一条信息发送给许多接收者；②发送包括文字、声音、图像或图形的信息；③将信息发送给因特网以外的用户；④发送一条信息后，某台计算机的程序作出响应。

同传统的邮政通信相比，电子邮件有如下一些特点：

1. 价格便宜。采用电子邮件进行通信，价格比起纸张通信来说要便宜许多，因为网络传输的只是一系列的数字信号，既没有纸张消耗，又不用邮递员去投送，费用当然相当低廉。

2. 传送速度快。电子邮件由于是在网络上传输电子信号，所以速度远远超过信函投递的速度。一般来说，飞机飞过太平洋都需要数小时时间，而电子信号却能在一秒钟内绕地球数圈。算上各种交换延迟，电子邮件可以在发出后的 10 分钟到达地球上的任何一个角落。

3. 安全性好，灵活。电子邮件存储在个人的电子信箱内，需要密码才能打开收看。另外当电子邮件发送失败后，系统还会逐级退回返还给发送方。

正因为具有这样的优点，电子邮件被越来越多的人所使用，已经成为众多的互联网服务中使用最为频繁的一种。

🔖 网上购物

　　传统意义上的购物，就是出门去商店、商场、集市、购物中心等地方去购买物品。但在计算机技术，尤其是网络技术快速发展的今天，这一传统也受到了挑战，网上购物已经逐渐兴起并成为一种新的时尚。

　　网上购物就是通过因特网来购物。网上商店以万维网的主页形式开设在因特网上，它通过一层层的超链接链接着许许多多的主页。比如，我国最著名的网上购物网站——淘宝网，它的主页上罗列了该店商品大类的名目，如虚拟、护肤、数码、家居、服饰等。同时大类名目下还有许多的小类，比如CPU、内存、硬盘、手袋、肩包等。如果你用鼠标点了一下"主板"，它又会展示关于主板的网页，你可以按照各种分类查找自己所需的产品，比如品牌、平台等。当你找到所需的某个型号的主板，再点一下，又出现一个网页，它详细地列出了该产品和购买方式的信息。你可以根据自己的具体情况来完成购买。之后，你只需在家里等待就行了，因为卖家会通过快递把货物送到你的家中。

　　网上购物有很多特点。一是可以在家"逛商店"，订货不受时间的限制。二是你对感兴趣的商品可以作详细了解。如果商店与厂家一起精心制作，那么一个产品的主页可以非常丰富多彩，可以有商品的功能、性能和使用方法的精彩演示，通常上街购物是很难了解这么多信息的，因为一般的售货员不可能对每一件商品都了如指掌。三是你可以真正做到货比三家，因为到各个网上商店了解各个品牌产品的情况十分方便。四是省去了你上街的劳累，从订货、买货到货物上门无需亲临现场，既省时又省力。同时还可以买到当地没有的商品。五是价格较便宜。

电子书刊

　　传统的书籍和报刊，都是把编撰好的文稿印在纸上，经装订、运输、发行，最后到读者手中。它们都是无声读物。

　　20世纪70年代，电子出版业作为一个新兴产业开始崛起。1975年，计算机排版已在世界范围内得到普及。人们把书刊用计算机排版印刷后，又把计算机内的数据作为副产品，存储在磁带、软盘上，成为书刊的电子版，或放在网络中提供检索服务。到20世纪80年代，由于计算机技术的进步，使得版式设计、文字编辑、图文合成等技术能够顺利实现。到20世纪90年代，随着音频、视频和图像处理技术的发展，以及它们与文字处理的结合，使得在文字中可以加入音频、视频信号和图像，这样一来，计算机上的一张普通的平面人物画像，除了可有传统的文字说明外，还可以开口说话，做动作。这种新型的电子书籍和电子报纸，统称为电子书刊。电子书刊的载体有软盘、只读光盘、可读写光盘、图文光盘、照片光盘、集成电路卡以及网络出版物等。

知识小链接

集成电路卡

　　集成电路卡又称IC卡，它是在大小和普通信用卡相同的塑料卡片上嵌置一个或多个集成电路构成的。带有存储器的IC卡又称为记忆卡或存储卡，带有微处理器的IC卡又称为智能卡或智慧卡。记忆卡可以存储大量信息；智能卡则不仅具有记忆能力，而且还具有处理信息的功能。

　　因特网的出现，使得出版业又面临一场以电子化、网络化为标志的大飞跃。目前，世界上一些著名的报纸都已电子化，并已上网提供服务，例如美国的《今日美国报》《华盛顿邮报》《新闻周刊》，我国的《人民日报》《计算机世界报》《文汇报》等。电子书籍可以放在网上供读者查阅。例如，根据总共 21 卷的美国学术百科全书编制的多媒体电子百科全书，包含了 33000 篇文章、2000 个彩色图像和 30 分钟的音乐。读者可以通过按菜单选择项进入各个标题去获得信息，阅读、查询起来十分方便、快捷。

电子书刊不仅图文并茂，有声有色，而且信息量大，包罗万象。电子书刊还具有检索方便、制作成本低、售价低廉等特点。此外，网上电子书刊还有较强的时效性，可以及时更新。

电子书刊有这么多特色，因此它一出现，就受到广大读者的欢迎，并得到了飞速发展。

◗ "电子移民"

移民，自从有国家这个概念以来就一直没有间断过，尤其是在信息技术和交通高速发展，我们偌大的地球正逐步"缩小"成为"地球村"的今天，世界各国移民风潮更是不断扩大。在这股移民风潮中，一种新的移民方式——"电子移民"诞生了。

所谓"电子移民"，指的是这样一些人，他们通过互联网，就职于国外的企业甚至政府，他们可以通过互联网到国外的图书馆看书，到大学上课，到商店订购物品，到电影院看电影，与世界各地的朋友"面对面"交谈等。总之，通过互联网、交互式电视等高新技术及设备，他们就像生活在国外一样，他们的生活空间不再局限于某个国家。当然，这一切都是通过电子的方式，其场景也是"虚拟"的。

"电子移民"的产生和发展有着深刻的背景。首先，技术装备的发展为"电子移民"提供了硬件上的保证。信息技术的发展正迅速改变着人们的生活和工作方式。其次，高新技术革命极大地推动了全球化的发展，为"电子移民"提供了广阔的生存和发展空间。当今，跨国公司蓬勃发展，不但公司经营跨越国界，公司职员也成了跨越国界的国际人。对这些整天通过国际互联网进行全球性经营的人士来说，生活空间的概念发生了全新的变革。这些趋势交合在一起，使得"地球村"时代的变化更加迅猛，也使得"电子移民"的发展趋势更为明朗。

"电子移民"的出现，给久有"井底之蛙"感觉的人们展现了一个看似灿烂的前景。其正面的影响主要有四个方面。首先，"电子移民"的出现为人们提供了更为广阔的生活空间，也为人们发挥自身的才能和创造力提供了更多的机会和可能。其次，"电子移民"的出现进一步推动了全球化的进程。这主要是因为"电子移民"的方式大大加强了国际间的交流和融合，包括经济、文化、观念等诸多方面。第三，"电子移民"的出现，将有助于解决传统移居式移民的众多问题，例如城市拥挤、人口过度集中等。"电子移民"将使人们拥有更广阔的空间选择，而且逐步淡化人们的城市观和国家差异感，使人们可能选择在那些更为清洁、安逸的中小城市和发展中国家定居。第四，"电子移民"的出现，对信息技术及相关高新技术提出了更多和更高的要求，例如多媒体技术的发展，真正意义上的全球信息高速公路等。

当然，在这些蓝图的后面，"电子移民"的出现也给人们带来了一些忧虑。首先，"电子移民"的出现，在某种程度上弱化了"国籍"的概念，这给传统的国民观念带来了极大的冲击，也向各国现行的国民管理模式提出了挑战。其次，"电子移民"的出现，使人与人之间面对面的接触减少，可能会使一些整天沉迷于电子网络中的人本身也出现"电子化"的趋势。也就是说，他们将习惯于虚拟的空间，导致出现空想、不务实际和人际关系冷漠等心理问题，成为一种所谓的"电子化人"。第三，一些"电子移民者"利用互联网进行各种国际犯罪活动，例如，网络黑客利用互联网进行金融犯罪、入侵国家安全网等。

⊙ 计算机售票

在过去，售票工作全是靠人工进行的，例如：当旅客想购买一张从上海去广州的飞机票时，售票员必须手工查询上海到广州每周有几个航班，选定某一航班后又必须查询是否有机票，这通常要和售票总站联系，而总站又要和各分售窗口联系，以了解是否有余票……总之，要多烦琐有多烦琐。常常会出现这种尴尬局面：有些窗口买不到票，有些窗口余票很多却卖不出去。这是由于各售票窗口是按一定比例分配机票的，互相之间基本上没有联系。

随着计算机信息产业的飞速发展，国内外广泛采用了"计算机售票"，即利用网络互联技术进行预订、售票。当你想买飞机票时，可以在任何一个分售网点申请、选购，售票员可以马上通过计算机网络，查询到在你指定时间范围内有

随处可见的计算机售票点

几个航班，每个航班还有多少剩余的机票等信息。如果你选定了某一航班，并购买了飞机票，有关你的个人信息如姓名、性别、年龄、工作单位、身份证号码等就输入计算机中，这时各个计算机售票网点都可以很方便地查到这些信息，这样就避免了把某一航班中的同一座位出售给几个人的情况。

不难看出，计算机售票比起人工售票手续方便快捷得多，效率高得多。这主要归功于计算机网络。因为可以靠它实现信息共享，实现准确、迅速、及时地传输信息。

目前，这项深受售票员和旅客欢迎的"计算机售票"技术，已经如春笋般应用于全国各大城市。

👆 "远程医疗"

"远程医疗"是利用现代电信网在传送和处理信息上的非凡能力，让它来传送和处理包括声音、文字和图像在内的综合医疗信息，以实现对患者的远距离诊断和治疗。由于它与现代电信技术密不可分，因而也有人称它为"电信医疗"。

采用"远程医疗"方式后，病人看病就不用到医院排队，小地方的人也用不着长途跋涉到大城市求医问药。因为病人的心电图、脑电图、尿样、血糖含量等分析数据，都可以通过电信线路在瞬息之间传到远端医疗专家的案头，或显示在高清晰度屏幕上，或由电脑打印机迅速打印出来。医疗专家便可以据此对病人的病情作出判断，并决定治疗方案，开出药方。诊断结果和药方，可以立即用电子邮件传送给患者所在地的医院或药房，嘱咐他们"送药上门"。一些需要做 X 光检查或磁共振成像检查的患者，也可以不上医院，而到装有这些设备的巡诊医疗车上做检查。因为这些设备上都配备了移动通信设备，它能把检查的结果，包括图像和数据等，统统地用无线电波发回到医疗中心，以供那里的医疗专家做出诊断。

"远程医疗"的实现，无疑是利国利民的好事。它将给往日缺医少药的地区带来福音，使那些地区的患者也能及时得到治疗，甚至接受大城市名医的诊治。"远程医疗"标志着一个新的医疗时代的到来。

▶ 新一代电子病历——光卡

光卡——作为新一代电子病历卡，已经在国外医学界开始使用，并取得良好的效果。有了这种病历卡，当某一病人突然发病送到医院抢救时，医生就不必像往常那样要进行一系列的化验、取样、分析后才能确定病情，凭借一张光卡就可快速而准确地获得所需要的资料，从而能在极短的时间内采取有效的治疗方案，为拯救

拓展阅读

光 卡

光卡是由能透过激光的透明基板、在激光照射下能写入信息的记录层，以及内外硬质保护层三部分组成的卡片。光卡记录层刻有 2500 条极细的轨纹，供数字资料定位用。光卡采用凹凸记录方式，信息以记录层表面是否出现记录坑的形式储存在光卡内。

病人生命赢得宝贵的时间。

一张光卡，就是病人的一套完整的病历卡。光卡里面存有三方面的资料：个人情况、健康检查资料及辅助资料。个人情况包括：姓名、出生年月、性别、血型、药物反应、紧急联络方式、家庭地址、工作单位、医疗保险情况等。健康检查资料实际上是"数据矩阵"，包括常规医学检验结果和测试数据。这些资料不仅包括文稿，而且还有照片、X光片等。医生根据这些资料就能迅速绘出有关图表（如病人年龄与血压之间的关系图）来显示一段时间内病人病情的变化，帮助诊断治疗。辅助资料就是"医嘱文件"。在此文件中，医生提出影响病人健康的具体数据，如胆固醇过高、心率过速等，并提出治疗方案及应采取的有

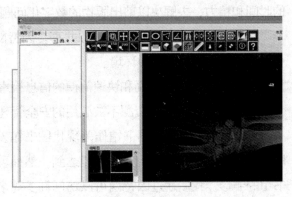

电子病历

关措施，例如食物疗法、精神疗法或化学疗法等。

采用光卡使医院的医疗效率大大提高，存贮病历所需的空间大大减小，医院管理人员不必再为存放、查找病历花费大量的时间，加快了医学研究的进度。光卡提供的信息使医生对病人的职业、居住环境与健康之间的关系一目了然。因而，利用光卡进行保健监控是很方便的。

所以，我们说，光卡——这种崭新的病历卡，是一种造福人类的高新技术产品。

◀ 数字化图书馆

在我国，北京图书馆和上海图书馆都是最现代化的图书馆，它们不仅有丰富的馆藏，还通过因特网为读者提供信息服务。那么它们是不是数字化图

书馆呢？现在还不是，这主要是由于这些图书馆能提供网上服务的图书占馆藏量的比例还很低。那么，什么是数字化图书馆呢？以因特网为基础、各类文献资料数字化、各种业务和管理功能计算机化的图书馆，就是数字化图书馆，它具有以下几个基本特征。

1. 各种信息文献载体数字化。近几年的正式出版物绝大多数采用电子排版技术，把书稿输入计算机进行处理，已经数字化了，但人们还必须花大量的时间和精力，去解决以前出版物的数字化问题。

2. 以网络为支撑实现图书资源共享。因特网、中国教育科研网等是数字化图书馆必备的重要支撑环境。

3. 有统一的用户界面和快速简便的信息检索浏览系统。

4. 有确保版权人的资源不被滥用的安全管理系统。

由此看来，数字化图书馆作为现代图书馆发展的高级阶段，还要经过一段时间，通过人们的不断努力才能达到。然而现在我们已经看到了数字化图书馆的雏形。我们通过因特网可以访问许多著名的情报数据库系统；可以访问许多免费的信息库，如美国国会图书馆的 Gopher 服务器，它提供美国和世界上有关图书馆自动化方面的最新信息；可以访问世界上几十万个万维网服务器上各单位的主页。在数字化图书馆真正建成后，读者可以访问任何一个图书馆，而图书馆馆藏的所有信息资源可以同时提供给成千上万的读者。这样，信息得到最大限度的利用，用户也得到了最大的方便。

信息时代与新经济

　　随着网络科技的发展以及知识经济的兴起，我们的经济发展也呈现出新的面貌。我们的贸易方式、营销方式也呈现出新的特点——简单、快速、多元。本章将具体的分析信息是如何带动我们的经济向前发展的，如何为我们人类创造新的财富的。

网络经济时代

随着信息时代的来临，网络的广泛普及，经济也发生了很大的变革，人们开始步入网络经济时代。网络经济时代具有一系列与以往经济时代不同的显著特征：

网络经济是以知识为基础。应用知识、添加创意成为经济活动的新核心。人们可以凭借网络进行知识的获取、加工和综合，并加上自己的创意，形成新的产品设计。因而，网络就变成了产生发明的工厂。

传统经济中的土地、厂房将逐渐为知识所取代，知识将成为最重要的资产。组织、管理、经营、评估资产的方式也将随之而改变，包括国家、地区的成长发展模式与国际竞争力都会发生变化。

对企业来说，创新变得越来越重要，其重要性将超过原材料与厂房。"淘汰自己的产品"，是新经济时代的生存法则。

一切信息都将数字化。现金、支票、股票、债券、报告、文章、照片以及面对面的会议，都将转化为数字"0"与"1"，在网络中传送着。这不但提升了信息传输与储存的数量、速度和品质，也增加了信息相互组合的可能性。

随着信息数字化的发展，虚拟化将成为一种趋势。虚拟银行、虚拟企业、虚拟办公室、虚拟商店、虚拟图书馆等都将成为现实，并将彻底改变社会的经济活动方式。

网络使企业组织分子化。每个脑力劳动者都是企业的一个最小单位，可以根据需要而灵活组合。在分子化的组织中，主动性、自觉性显得尤其重要。具有这类禀性的劳动者，通过网络合作，更能以知识和创意为产品增添价值。

企业逐步建立内部的"网络组织"，通过企业内外网络的结合，寻求市场与机会，网上贸易成为重要的商业行为。

在网络中，生产者与消费者将会直接接触，从而使彼此的界限变得模糊。

消费者可以通过网络将自己的意见加入生产过程，使自己也参与产品的生产。而迎合消费者个别要求与品味的少量定制，将取代过去的大量生产。

> **基本小知识**
>
> ### "网络组织"
>
> "网络组织"特指一群地位平等的"节点"依靠共同目标或兴趣而自发聚合起来的组织。这里的网络不仅指互联网，也指那种相互关联而没有中心的特定形态。

随着网络无国界的延伸，以及知识无国界的影响，网络经济必然是全球化的经济，而全球化又将会加速网络的延伸。

在网络经济时代下，学习比以往任何时候都显得重要。每当经济转型，那些受到了适当教育的人们在社会中总是表现得最出色。社会给予有技能的人的报酬也将越来越高。因此，未来的领导是善于领导学习的领导，未来最可靠的竞争优势是克服障碍去学习。网络时代的领导者不仅是下达指令的指挥官，更是要担负起领导学习的职责，建立让成员扩展能力的组织。

教育的内容、方式和宗旨也将有所改变。教育必须面向新时代。在网络中，知识随时都可以大量获取，所以教育的目标除了要让学生获取知识，还要让学生做好准备，以适应对未来生活的挑战。为此，要强调合作性学习。因为在现实生活中，大多数问题都是依靠群体解决的。培养学生的个性也十分重要，未来的教育将建立在这样的认识基础上：网络时代是需要个人充分地发挥潜力的时代，因而必须摒弃一刀切的统一式的教育方式，要兼顾孩子认知方式的多样性。信息时代将使学习成为一种大规模的各取所需的过程。

毫无疑问，网络时代将产生一场教育革命。教育的目标将不再是只为一张文凭，而是为了终身受到教育。

今天，网络时代的变化才刚刚开始，网络社会的新面貌也仅显示出冰山一角。当全世界有几亿甚至更多的人，跃身进入全球网络这个海洋中"冲浪"时，世界将会变得怎样？让我们拭目以待。

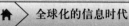

电子贸易

随着科学技术的发展和信息技术在当代国际贸易中的应用，国际贸易的范围和类型发生了很大的变化。因特网的发展创造出一个全新的网上贸易市场，形成了一种新型的国际贸易形式。

早在因特网技术被普遍采用前，一些国内外大企业就已经采用了电子方式进行数据、表格等信息的交换，即电子数据交换（EDI）。EDI 由于在数据传送过程中不需要再输入，使出错率降为零，大大节约了时间和经费。经过多年的发展和完善，它已成为一种全球性的、具有战略意义和商业价值的贸易手段。

电子数据交换无需任何纸张，因此，又称"无纸贸易"。"无纸贸易"的出现在全球范围内引起了一场结构性商务革命。现在美国和欧盟多数国家的海关已明确表示，利用电子信息交换提供的表格文件将优先处理。

"电子国际贸易"远非仅限于国际贸易文件的"电子信息交换"。现在，许多国际间的商品交易直接通过因特网进行。

电子货币和网络银行

高科技的发展尤其是信息高速公路的兴建，使人们随时随地享受银行服务的梦想开始变成现实。与纸币、支票等截然不同的电子货币应运而生。

电子货币实际上是存有用户银行信息的智能卡，例如银行卡。智能卡是一种集成电路卡，大小如同名片，它是在一张塑料片上嵌有一块集成电路芯片而做成的电子付款卡，能贮存较多的信息，因此也称为 IC 卡。

IC 卡的芯片有两种：一种是能处理数据的"缩微"电脑；另一种是存储IC 卡。这两种 IC 卡，都能存储资金信息，且具有密码，即使丢失了，也不会给持卡人造成损失。电子货币的问世使银行能够为用户提供更多的服务。

1995 年 7 月 3 日，英国开始在斯温顿地区实验流通电子货币。当用户办理电子货币服务项目后，银行就发给用户一个智能卡，将用户指定的存款数额信息存储到智能卡中，并给用户一个密码，这样用户就拥有了一张现金卡。使用时，用户将现金卡插入商店里的电

各种各样的银行卡

子货币收款机中就可支付货币。与信用卡不同，现金卡不允许透支，使用时用户不必签字，接受方也不需要银行特别允许，其作用与现金没有本质的区别。

1996 年 10 月，北京、广州等地的中国银行推出了一种能与国际标准计算机网络联网的"长城电子借记卡"。这种卡也同时具有购物和提取现金两种功能，并设置了密码，使用户感到既方便又安全。人们把这种面向大众的卡称为"百姓信用卡"。

在上海的不少出租车上，安装了电子收款机，乘客可用电子货币——智能卡来支付车费。乘客到达目的地后，把卡插入收款机的刷卡口，只需短短20 秒，就能取到一张收据。这种电子收款机，可通过当地的无线移动通信网，与银行的转账系统相连，从而实现自动转账。

在公共交通方面，国内外已广泛使用非接触式智能卡。乘客只要持有一种智能卡储值车票，就能乘坐这一地区的各种交通工具：地铁、火车、轮船及市内公交车。这种智能卡，给居民的出行带来极大的方便。

1997 年 9 月 23 日，蒙代克斯公司宣布开始研制通过移动电话随时随地付款的新型电子货币。使用时将电子货币插入槽中拨通银行的电话即可向供货

方付款。银行可将款目划归供货方。如果供货方安装有专用的电子货币接收设备，那么用户就可直接用电子货币付款，这样保证了用户能随时随地使用电子货币。另外，当用户电子货币内的存款不足时，还可拨通银行的专用电话，将自己账户上的钱转入电子货币中。这也被人们称为电子钱包。

1998 年 7 月，美国推出了一种新的付款方式——电子支票，简化了企业之间网上付款程序，使电子付款更容易，所用时间更短，效率更高。其工作程序是：支付公司需要用一种特殊的软件开一张数字支票，用一种稳妥的数字签名，签署后通过电子邮件发送给收款公司。几分钟后，收款公司收到函件，核查并用自己的数字签名，签署之后将其用电子邮件传送至银行，银行再像处理纸质支票一样对其进行处理。通过这种方式，资金一夜之间即可抵达收款公司的账户上。参与这项计划的成本并不高，公司需要的电子支票软件每套几千美元，银行所需的软件每套几十万美元。分析家认为，这项电子支票计划的费用每个公司都能负担得起，这也是该计划成功的可能性比以往的尝试更大的原因之一。

一些专家认为，以电子货币为代表的新一代银行服务项目的兴起将对全球银行业产生巨大的冲击。网络银行是未来的趋势，银行必须适应新的网络金融环境。网络银行是一场革命，现在的商业银行不能忽略它，因为它很可能会全面接管商业银行的资金媒介和支付服务职能，那时候传统的银行就真会像比尔·盖茨所说那样"像恐龙一样灭亡"。

知识小链接

网络银行

网络银行包括两层含义：一个是机构概念，指通过信息网络开办业务的银行；另一个是业务概念，指银行通过信息网络提供的金融服务，包括传统的银行业务和因信息技术应用带来的新兴业务。

◗ 网络销售

　　随着网络的普及，上街购物已经不再是人们购买商品的唯一选择，越来越多的人更喜欢通过网络浏览来购买商品。于是，一些零售商纷纷抓住顾客的这个特点，在网络上提供商品销售服务。有的则是利用因特网作为销售的管道。例如，20世纪90年代，美国一对双胞胎兄弟在自己家里设立一家光盘唱片公司，销售美国发行的所有光盘及2万张进口光盘，透过因特网供客户订货，通常在24小时内即将光盘送到顾客家里。这家公司不需店面成本，也没有库存成本，因为该公司是在接受订单之后，通过经销商将货物送出去。加上网站上的广告收入，这家公司1996年营业额达600万美元，营业毛利率18%。

　　利用网络进行销售的首要特点，就是传递信息的花费远比传统销售方式低廉得多。对于着重提供大量信息、需要大量零售人员的企业来说，网络可以说是威力强大而又经济的工具。但是，网络销售也有其脆弱的一面，就是需要消费者化被动为主动，自己透过网络来查询信息。如果消费者缺乏主动查询的动机，网络销售就无法发挥它的最大潜力。因此，消费者网上查找信息的主动性直接制约着网络销售的发展。

　　为了改变这种情况，英国与美国的一些音乐出版公司，不但让消费者进入网络在公司的资料库进行查询，更允许消费者直接在网络上发出购买产品指令。不过与寻找信息的人相比较，真正透过网络购买的人是非常少的。最主要的原因是消费者对于信息的安全与隐私仍有顾虑，不愿意在网络上使用自己的信用卡号码或其他敏感的信息。

　　在消费者搜寻信息的动机强烈，或是主动购买意愿高的市场中，网络是强有力的销售工具，影响力超过零售商店等传统销售方式。此外，有的消费者已经拥有充分的信息，但还是愿意主动上网寻找商品，这也是网络销售占优势的一类市场。现在这类市场的许多厂商已经采用邮购、电话或是传真销售方式，未来也都将以电子交互媒介作为其销售管道之一。

当然，网上销售主要的成功因素，还得看产品的选择。昂贵而巨大的货品如家具等不适用于网上发售。一般消费者购买家具时都希望到商店参观，试一下产品才认购。相反，其他货品如机票、书本、戏票、鲜花等，网上购物已逐渐被消费者接受。

总的来说，商家应当视网上的商业贸易为一个可以有效利用因特网的新生意，但同时必须拟定周全的计划。盲目将产品堆在网页上，只会事倍功半。

电子出版时代的到来

我国是印刷技术发明最早的国家之一，活字印刷术是我国四大发明之一。活字印刷术的使用，对古代书籍的编辑、印制都产生了积极的影响。

传统的图书出版时先将文章排版、制版，然后将其印刷在纸张上，最后装订成册。随着计算机技术及多媒体技术的发展，出版发行进入了电子出版时代。

所谓电子出版，是指在整个出版过程中，从编辑、制作到发行，所有信息都以统一的二进制代码的数字化形式存储于磁、光、电等介质中，信息的处理与传递借助计算机或类似的设备来进行的一种出版形式。

电子出版过程分为三个阶段：

1. 构建阶段——编辑把作者送来的信息（稿件）加工整理成可供使用的文本形式。

2. 发行阶段——包含文本制成之后到可供读者使用这个时段。

3. 接受阶段——读者最终接受所提供的信息。

电子出版分成"在线电子出版"和"离线电子出版"两大类型。

就"在线电子出版"说来，电子手段贯穿这三个阶段："电子构成"指借助计算机生成文本，所生成的是电子形式的文本；"电子发行"指文本超越邮递等非电子的发行渠道，通过计算机网络传播；"电子接受"指读者借助电子数据处理（EDP）装置读取信息，不同于通过纸质材料等非电子手段接受信息。

而在"离线电子出版"的情况下，电子形式的文本不是以电子方式而是通过非电子方式发行的，如邮寄载有电子文本的光盘，读者再用计算机读取。

▶ 网络广告的兴起

　　所谓网络广告就是利用网站上的广告横幅、文本链接、多媒体的方法，在互联网刊登或发布广告，通过网络传递到互联网用户的一种高科技广告运作方式。

　　网络广告发源于美国。1994 年 10 月 14 日，美国著名的 Wired 杂志推出了网络版 Hotwired，其主页上开始有 AT&T 等 14 个客户的广告标题。这是互联网广告里程碑式的一个标志。

　　1997 年 3 月，中国的第一个商业性的网络广告出现，传播网站是 Chinabyte，广告表现形式为 468×60 像素的动画旗帜广告。Intel 和 IBM 是国内最早在互联网上投放广告的广告主。我国网络广告一直到 1999 年初才稍具规模。历经多年的发展，网络广告行业已经慢慢走向成熟。

　　网络广告是随着国际互联网的发展而逐步兴起，是新生代的广告媒介，它具有传统媒介广告的所有优点，又具有传统媒介所无法比拟的优势。网络广告可以分为广义和狭义两种，广义的网络广告指企业在互联网上发布的一切信息。包括企业的互联网域名、网站、网页等；狭义的网络广告一般指建立一个含广告内容的 WWW 节点，目前多为标题广告，用户通过点击这一含超链接的标题，将被带至广告主的 WWW 节点。网络广告主要有以下特点：

　　1. 传播对象面广。网络广告的对象是与互联网相连的所有计算机终端客户，通过互联网将产品、服务等信息传送到世界各地，其世界性广告覆盖范围使其他广告媒介望尘莫及。

　　2. 表现手段丰富多彩。网络广告采用文字介绍、声音、影像、图像、颜色、音乐等于一体的丰富表现手段，具有报纸、电视的各种优点，更加吸引受众。网络广告制作成本低、时效长的优点以及其高科技形象将使越来越多的工商企业选择网络广告作为重要国际广告媒体之一。

　　3. 内容种类繁多，信息面广。网络广告的内容大到飞机、小到口香糖。

庞大的互联网网络广告能够容纳难以计量的内容和信息，它的广告信息面之广、数量之大是报纸、电视无法比拟的。如报纸广告的信息量受到版面篇幅限制；电视广告的信息量受到频道播出时间和播出费用的限制。而网络广告则完全突破了这些限制。

信息港的网络广告

4. 多对多的传播过程。报纸广告基本是一对一的传播过程，电视传媒则是一对多的方式，而互联网上的广告则是多对多的传播过程。之所以这样，是因为在互联网上有众多的信息提供者和信息接受者，他们既在互联网上发布广告信息，也从互联网上获取自己所需产品和服务的广告信息。

5. 具有互动性。也就是说企业或个人将广告信息内容准备好，放置于站点上，所有网络用户都可以通过上网及时查看，获取广告信息，即人—机—人模式。例如，一家公司发布了网络广告，当某个人收到该信息并对该公司的产品产生了兴趣，就可通过电子邮件、网络电话、网络传真等向该公司询问各类有关问题，得到满意答复后，可通过电子商务手段实现商品购买。

与传统的四大传播媒体（报纸、杂志、电视、广播）广告及近来备受欢迎的户外广告相比，网络广告具有得天独厚的优势，是实施现代营销媒体战略的重要一部分。目前网络广告的市场正在以惊人的速度增长，网络广告发挥的效用也越来越重要，已经成为第五大传播媒体。因而，众多广告公司都成立了专门的"网络媒体分部"，以开拓网络广告的巨大市场。

▶ 新闻工作者的新工作方式

随着因特网的普及，一些记者已开始坐在家里纵观天下事，因特网已成为他们采访的好帮手。作为世界上最大的信息网络，因特网已深入到世界各国的政府机构、大学、科研所、企业、家庭中。因特网用户可直接与这些分布在世界各地的组织、机构打交道。这些组织、机构除了把自己的详细情况放到因特网上外，还大都开设了专为新闻机构服务的栏目，记者可以直接调阅新闻稿，这为新闻采访提供了极大的便利。

因特网上的新闻素材真可谓取之不尽，用之不竭。记者可以利用因特网浏览新闻事件，搜索查找可以供自己使用的信息，这样一会工夫就可以找到成百上千条，可以大大提高工作效率。

还有，电子信箱也为记者进一步采访提供了一个很好的工具。一些记者每天都要打开电脑调阅电子邮件，这里边很可能有别人提供的新闻线索和素材。如果想深入采访，记者可以向采访对象发电子邮件，采访对象也可用电子邮件回答记者的问题。还有一个更省事的办法，就是索要采访对象的电话号码，进行电话采访。自己采访的内容加上对方提供的新闻稿和背景材料，记者就可以写出好的新闻。

利用其他新闻媒体采写新闻是世界各大新闻机构都开展的一项工作。随着各大新闻机构纷纷进入因特网，记者可以更方便地利用其他新闻媒体为自己的报道服务。在因特网上，记者可以调阅《新闻周刊》等美国大报刊，也可调阅英国《泰晤士报》等，还可调阅到新华社和路透社的电讯稿以及英国BBC 等的广播电视新闻等。

如果记者想写深度报道，因特网则更能显示出它的优势。记者只要进入某家报社和政府机构等的电子地址，就可利用因特网在它们那里检索资料。其方法十分简单，只要键入相关的词，因特网就会把该电子地址里所有含有这个词的资料显示出来，供记者选用。记者通常点几下鼠标器，自己选中的资料就会存储到自己的计算机中。

信息化社会的高速发展给人们的工作、生活和思维方式带来了一次革命，新闻采访无疑也会受到它的冲击。利用因特网采写新闻已是新闻界的一种工作方法，它可以降低成本，提高工作效率，扩大采访范围。

信息化时代的军事

　　中国军事工业的发展不断在世界受到好评，并取得一个又一个成果，然而这些成果背后的最大功臣还是信息技术。由于我国信息技术的迅速发展，我们的国际地位也明显提高了；我们的国防实力也增强了。本章将具体讲解信息化在军事领域的巨大成果，带我们走进新时代的军事工业。

武器装备信息化

随着信息化的到来，人类社会的发展将产生重大变化，社会中的一切都将受到信息化的影响，军事领域也将受其影响，武器将成为信息化的武器，军队将成为信息化的军队，战争将成为信息化的战争。

所谓武器装备信息化，是指利用信息技术和计算机技术，使武器装备在预警探测、情报侦察、精确制导、火力打击、指挥控制、通信联络、战场管理等方面实现信息采集、融合、处理、传输、显示的网络化、自动化和实时化。

用信息化武器武装的士兵

武器装备的信息化沿着两个方向发展：一个是对机械化武器装备进行信息化改造和提升。需要说明的是，武器装备信息化不是对机械化武器装备的简单否定和抛弃，而是对机械化武器装备进行改造和提升。形象地讲，就是把计算机技术和信息技术以模块形式嵌入机械化武器装备之中，使机械化武器装备具备类似于人的"眼睛、神经和大脑"的功能，从而使其综合作战效能倍增，满足信息化战争作战的需要；另一个方向是研制新的信息化武器装备，如 C⁴ISR 系统、计算机网络病毒、军事智能机器人等。武器装备信息化将使电子信息系统在武器装备体系中的比重越来越大，相应的作战保障装备的地位和作用也不断提高，武器装备体系中除了有传统的硬杀伤兵器外，还将出现软杀伤兵器。

信息化弹药

信息化弹药包括制导炸弹、制导炮弹、制导子母弹、巡航导弹、末制导导弹、反辐射导弹等精确制导武器。这些武器实质上是一种能够获取和利用目标所提供的位置信息修正自己弹道，并准确命中目标的弹药。这些武器具有一定的智能，可以在敌方火力网外发射，自主地识别、攻击目标，而且命中精度也非常高。

信息化制导导弹

在海湾战争中，美国空军使用占总投弹量 3% 的精确制导炸弹，对占总数 40% 的战略目标实施攻击，命中率超过 80%。在伊拉克战争中，美军对伊拉克的空袭使用的几乎全是精确制导弹药。与海湾战争时相比，使用的精确制导弹药射程更远、精度更高、弹头威力更大。目前，精确制导弹药的发展已经到了第三代，具备了"发射后不用管"的自主识别和攻击目标的能力，战役战术制导弹药的命中精度，近程的已达 0.1～1 米，中程的小于 10 米，远程的为 10～15 米。与普通弹药相比，作战效益提高了 100～1000 倍，效费比提高了 30～40 倍。

此外，一些信息化弹药还将借助于声波、无线电波、可见

广角镜

电子对抗

电子对抗是为削弱、破坏敌方电子设备的使用效能，保障己方电子设备发挥效能而采用的综合技术措施，其实质是斗争双方利用电磁波的作用来争夺对电磁频谱的有效使用权。

光、红外、激光以至气体、气味等来传递目标信息。信息化弹药必将对战术、战法产生很大的影响，它将大大减少盲目射击、地毯式轰炸以及作战目标之外的附带毁伤。

从常规意义上讲，弹药是对敌目标实施硬毁伤的终端载荷，如人们熟悉的杀伤榴弹、破甲弹、穿甲弹、子母弹、燃烧弹等，在战场上都曾大显身手。随着战争的不断演进和高新技术的迅猛发展，促使人们对弹药内涵和本质的认识日益深化，各种新概念、新原理、新功能的弹药层出不穷。特别是为适应信息化战争要求，弹药的信息化已作为武器装备信息化的重要组成部分，世界各军事强国对其发展均给予了高度的重视。从发展趋势看，未来陆军弹药将是以弹体作为运载平台，能够实现态势感知、电子对抗、精确打击、高效毁伤和毁伤评估等功能的灵巧化、制导化、智能化、微型化、多能化的新型弹药。具体有以下几种新趋势。

你知道吗

子母弹

子母弹是指装有两个以上子弹头的弹药，母弹头和子弹头可以有制导装置，也可不带制导装置。子弹头或母弹头飞到预定地点，切割机构将弹头舱的外壳切开，而后抛射系统将子弹头以适当的速度抛出，用于大面积杀伤，破坏空中或地面目标。子母弹的杀伤效率取决于子弹头的命中精度、散布状态及杀伤威力。

1. 研制超远程制导炮弹，提高常规火炮系统纵深打击能力。从弹药技术来看，超远程制导炮弹包含了增程技术、制导技术、子母弹技术、新材料技术等。其制导、导航和控制子系统，通过控制整个弹体来改变弹道最高点后的飞行轨道，使弹丸高速飞行，并沿一个小的倾斜角滑翔，从而提高射程，其命中精度可达到20米左右，使战斗力倍增。

2. 开展软杀伤（新概念）弹药技术研究，满足未来作战需求。战时某些民用目标如桥梁、发电厂等均可成为重要打击目标，所以开展软杀伤（新概念）弹药技术研究，成为各国弹药发展的一个重要方向。近年来，出现了携带导电复合（碳）纤维、燃料空气炸药、温压炸药等装填物的软

（硬）毁伤战斗部，并研发了电磁脉冲、高功率微波、强光致盲、复合干扰与诱饵等新概念战斗部，甚至有些战斗部的有效性已得到战争验证。而在特定条件下，软杀伤战斗部对敌方人员心理和精神上的威慑力，远远大于其他类型的战斗部。

3. 发展复合作用和多用途弹药，实现一种弹药对付多种目标。由于新型目标不断出现，需要专门的弹药才能产生较好的毁伤作用，因此，一些弹药加速向复合功能方向发展，以便最大限度地发挥弹药对目标的毁伤能力。同时，用于对付多种目标的多用途弹药也受到重视。其中，活性破片就是当前开发的一种，其活性含能材料因受到强冲击作用而快速发生化学反应，释放大量能量并产生强烈爆炸效应。活性破片战斗部具有动能侵彻效应和内爆毁伤效应，对大幅度提高防空反导弹药杀伤威力有重要应用前景。

4. 采用系列化和模块化设计方法，实现一种弹药多平台携带和一弹携带多种弹药。日益复杂的战场环境和大量出现的高价值新型目标，使弹药的模块化、系列化、通用化受到越来越高的重视。可根据战场的需要组合成不同武器，以达到高效毁伤的目的。与此同时，子母弹技术得到了广泛的应用。为提高对付深埋目标的能力，串联复合侵彻战斗部及其智能引信技术成为一个重要发展趋势。

多用途空心装药技术可用于毁伤装甲和掩体目标，进行城区作战。对付装甲目标时，采用可选择引信，具有更高的侵彻装甲能力；对付掩体目标时，采用延期引信，以便高爆炸弹药侵入目标后爆炸；在城区作战中，采用侵彻（爆炸）弹药，提高城区作战能力。这类弹药重量轻、成本低，成为弹药领域一个重要发展趋势。随着高新技术的开发与应用，弹药和导弹将广泛采用各种引信启动区的自适应控制技术，即智能化引信，以适应作战需要。

5. 发展性能更先进的灵巧炮弹，提高对目标的打击效果。目前主要有两种弹药：一种是弹道修正加末段制导技术。弹道修正弹药要向前发展，则需采用末段跟踪或末段制导技术。基于海湾战争及科索沃战争的经验，美军认为迫切需要一种既能精确打击目标同时又能评估目标毁伤效果的新型弹药，为下一步攻击提供及时准确的打击依据。目前，法国、德国、英国等国家也在进行这方面的研究，并提出一种新型研究方案，即在炮弹的后面放出光纤电缆，当其接近目标时，可使操作手从弹丸头部的摄像机看到目标，进行制导调整和瞬间毁伤评估。这种技术已在法国、德国联合研制的独眼巨人导弹上做了演示；英国则致力于研究在 MLRS 火箭弹上使用这种新技术，并在加紧做常规炮弹应用研究。

◉ 电子对抗技术

在现代高技术战争中，电子对抗起着很重要的作用。实际上，早在 1895 年，随着世界上第一台火花电报机的问世，军事领域里的通信对抗便应运而生了。比如在 1904 年日俄战争中，交战双方就曾经利用无线电设备，侦听、干扰对方的通信联络。起初，并没有人专门去干这样的事情，它属于军事通信人员兼营的"副业"。后来，在实战应用中人们尝到了甜头，这才由此分化出一个独立的军事领域。

真正自觉地运用电子对抗手段并研制专门的电子对抗设备，是在第一次世界大战期间。当时，德国人大量使用飞艇轰炸英国首都伦敦。为了实现精确导航，德国便派人在英国境内秘密设置了无线电信标台，而英国人则用无线电测向机查出了德国密探的准确方位，并将其一举抓获。然后将计就计，在德国飞艇再次出现时，将其引导到英国北海岸一个无人居住的地区，用预先准备的歼击机将飞艇消灭，这是空战史上首次使用电子对抗斗争的范例。

在第二次世界大战中，电子对抗更是得到了广泛的应用。其应用的范围，从通信、导航扩展到雷达预警。可以说，哪里有电子技术，哪里就有电子对抗。日军偷袭珍珠港、美军击落山本五十六座机，电子对抗都起到了至关重要的作用。在整个二战期间，盟军与德军斗智谋，将很大一部分力量用在了电子对抗上，从而也促进了电子对抗技术的发展。

当然，电子对抗真正成为战争舞台上的主角，只是近半个世纪的事情。电子计算机的出现，使电子对抗如虎添翼。而微电子技术的发展，则使电子对抗无孔不入。在经历了越南战争、马岛战争等一系列战火的洗礼之后，电子对抗已经从通信对抗、雷达对抗发展到电子武器系统的全面对抗。武器电子化，电子武器化，成了现代高技术战争的一大特点；掌握制电磁权，已经被放在了和掌握制海权、制空权、制天权同等重要的位置。

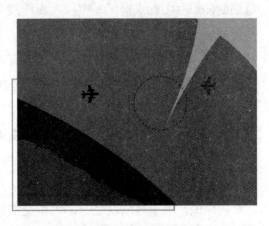

电子对抗战示意图

电子对抗的作用，主要包含两方面的内容：一是电子进攻，二是电子防御。虽然其作用非同小可，但它的基本招数，却不外乎找、扰、剿、保四个字。

在电子进攻上，首先要寻找敌方的电台，寻找敌方的雷达，寻找敌方的一切靠发射和接收电磁波进行工作的武器装备和固定设施的位置、特点和活动规律。寻找的对象不同，采取的对抗手段也不一样：在几千米、几十千米范围内，可以用测向机寻找；在上百千米乃至数百千米范围内，可以用电子侦察船和电子侦察飞机寻找。其次是干扰，使敌方雷达迷盲、通信中断、武器失控、指挥瘫痪。电子干扰的办法有两种：一种叫作有源干扰或积极干扰，就是针对敌方雷达与电台的工作频率，施放瞄准式或覆盖式干扰，搅得敌方图像畸变、声音混乱、精力分散、诸事不成；另一种叫作无源干扰或消极干扰，它是利用具有反射或吸收电磁波功能的材料，制成箔条、角反射器或者电离气悬体，有意制造假象，使敌方雷达要么收不到回波信号，要么收到的信号与真实情况不符，大的变小，多的变少，甚至无中生有，让敌人自乱阵脚。最后就是剿灭。早先，人们利用电子测向定位技术，操纵多种火力摧毁敌方的辐射源及防空体系。越南战争期间，美国的"百舌鸟"反辐射导弹异军突起，这种专门以进攻辐射源为本职工作的导弹，被人们称为"雷达的克星"。海湾战争中，反辐射导弹再显神威，美国发射的200多枚"哈姆"反辐射导弹，将伊军的雷达摧毁殆尽，使多国部队的飞机如入无人之境，几乎没有遇到任何阻力就获得了制空权。海湾战争以后，许多国家纷纷展开了反辐射导弹、反辐射无人机的研制工作。

当然，只有更好地保存自己，才能有效地消灭敌人。在加强电子进攻的同时，还必须要搞好电子防御，确保己方电子设备和系统能充分发挥效能。为此，必须做到管得严（平时严格控制雷达开机和无线电波发射），联得快（实行快速通信，减少信号留空时间），变得奇（采用低截获概率技术和频率捷变技术，让敌方抓不着），藏得巧（采用多基地雷达，或将收、发信台分开配置等）。

可以说，电子对抗就是一部大型交响乐，是攻与防、战与藏、单项技术与指挥艺术的有机结合，任何一个环节都马虎不得。

◆ 电子对抗飞机

电子对抗飞机是一种专门用于对敌方雷达、无线电通信设备和电子制导系统等实施电子侦察、电子干扰或袭击的飞机。电子对抗飞机通常用其他军用飞机改装而成。它分为电子侦察机、电子干扰飞机和反雷达飞机。

电子侦察飞机通过对电磁信号的侦收、识别、定位、分析和录取，获取有关情报。它装有宽频带的电子侦察系统。

电子干扰飞机主要用以对敌方防空体系内的警戒引导雷达、目标指示雷达、制导雷达、炮瞄雷达和陆空指挥通信设备等实施电子干扰，掩护航空兵突防。

基本
小知识

炮瞄雷达

炮瞄雷达是指用于自动跟踪空中目标，测定目标坐标，并通过指挥仪控制高射炮瞄准射击的雷达。

反雷达飞机主要用于袭击地面防空系统的火控雷达。它装有告警引导接收系统、反雷达导弹和其他制导武器。随着科学技术的进步与发展，出现了多用途电子对抗飞机和无人驾驶电子对抗飞机。

电子对抗飞机的任务主要是通过告警、施放电子干扰、对敌地面搜索雷达和制导雷达进行反辐射攻击等方式，掩护己方航空兵部队顺利执行截击、轰炸等作战任务。所以，有人称电子对抗飞机是战斗机等主战飞机的"保护神"。

电子对抗飞机诞生于第二次世界大战中。二战期间，为了对付敌方新出现的警戒雷达和炮瞄雷达，英、美、德等国相继研制出了早期的电子干扰装置。1939 年 5 月，英国人首次开发成功机载型电波干扰器，经过改进后，于 20 世纪 40 年代初安装在轰炸机上，在对德国本土进行空袭时，用它干扰防空雷达。

安装有电子对抗设备的飞机

同一时期，美国航空兵为了减轻德军防空部队炮瞄雷达的威胁，开始为轰炸机配备 APT－2 型电波干扰器，结果飞机的损失率由 12.6% 降到 7.5%。此外，美、英还将"惠灵顿"、B－24 等型轰炸机改装成电子侦察机，对德军的雷达、通信系统进行侦察。

二战结束后，随着电子对抗技术的发展，一些著名的专用电子对抗飞机由此诞生。如美国的 P2V－7 电子侦察机、EB－66 电子干扰机、F－105G 反雷达飞机等。大部分的战斗机和攻击机也开始配备较完善的机载自卫干扰系统。

20 世纪 70 年代以后，机载电子对抗技术有了明显的提高，电子对抗设备日趋完善，电磁频谱斗争的范围不断扩大。1982 年的贝卡谷地之战，以军把电子对抗技术和电子战战术发挥得淋漓尽致，以极小的代价，取得了一举将叙军 19 个地空导弹阵地全部摧毁的胜利。在战争中，以军不仅充分利用已掌握的电磁优势，而且在作战中有计划、有组织地运用无人侦察机、预警机、电子战飞机等技术勤务飞机，辅助和指挥己方的战斗机、攻击机实施精确打击行动，从而取得了惊人的战果。

在海湾战争中，电子对抗飞机再次让人刮目相看。在"沙漠风暴"开始之前五个小时，多国部队就派出 EA－6B、EF－111、F－4G、EC－130 等专用电子对抗飞机，对伊拉克境内的雷达、通信、指挥设施和防空系统进行了强烈的电磁干扰，使伊军雷达荧光屏一片"白雪"。大规模空袭发起后的头一个小时内，在前头开路的 F－4G 等飞机，就向伊军雷达和防空阵地发射了200 余枚高速反辐射导弹，从而保障了攻击编队的安全突防。多国部队实施的"白雪"电子战，造成了伊军通信中断、雷达迷盲、指挥瘫痪、防空导弹失灵，大大提高了己方作战飞机的生存率和行动自由度。

战后，美国海军反映，当战斗机编队有 EA－6B 电子干扰机护航时，几乎就没有受到伊军地对空导弹的攻击。这也再次证明，只有夺得整个战场的制电磁权，才能获取制空权，并进而以较少的损失赢得战争的胜利。海湾战争中，多国部队飞机的战损率只有 0.3‰，其原因固然很多，但电子对抗飞机的支援和保障作用不可低估。

◆ 声 呐

声呐就是利用水中声波对水下目标进行探测、定位和通信的电子设备，是水声学中应用最广泛、最重要的一种装置。

声呐技术至今已有 100 多年的历史，它是 1906 年由英国海军的刘易斯·尼克森所发明。他发明的第一部声呐仪是一种被动式的聆听装置，主要用来侦测冰山。这种技术，到第一

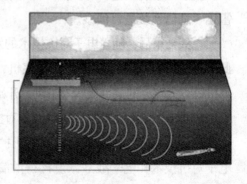

声呐

次世界大战时被应用到战场上，用来侦测潜藏在水底的潜水艇。

目前，声呐是各国海军进行水下监视所使用的主要技术，用于对水下目标进行探测、分类、定位和跟踪；进行水下通信和导航，保障舰艇、反潜飞机和反潜直升机的战术机动和水中武器的使用。此外，声呐技术还广泛用于鱼雷制导、水雷引信、鱼群探测、海洋石油勘探、船舶导航、水下作业、水文测量和海底地质地貌的勘测等。

在水中进行观察和测量，声波有着得天独厚的条件。

知识小链接

声 波

声以波的形式传播着，叫做声波，声波借助各种介质向四面八方传播。声波是一种纵波，是弹性介质中传播着的压力振动。但在固体中传播时，也可以同时有纵波及横波。

在海洋中之所以不能像在宇宙空间那样使用雷达，主要原因是海洋中作为能量传播介质的海水是一种导电体；当电磁波辐射到海水之中时，它的大部分能量会被海水吸收掉，使传播距离受到严格的限制。而用光波也不行，光波本身属于频率更高的电磁波，在海水中被吸收衰减得更厉害；浑浊的海水会更严重地影响它的传播。

声波受海水吸收衰减很小，能传播很远的距离。拿相同能量的电磁波和声波比，声波能量的吸收衰减低于电磁波的1‰。也就是说电磁波传播1千米就消失，而声波却能传播1000千米。

所以，声波是海洋中信息传播的较理想形式。

声呐装置一般由基阵、电子机柜和辅助设备三部分组成。基阵由水声换能器以一定几何图形排列组合而成，其外形通常为球形、柱形、平板形或线列形，有接收基阵、发射基阵或收发合一基阵之分。电子机柜一般由发射、接收、显示和控制等分系统组成。辅助设备包括电源设备、连接电缆、水下接线箱和增音机、声呐导流罩，以及与声呐基阵的传动控制相配套的升降、回转、俯仰、收放、拖曳、吊放、投放等装置。

换能器是声呐中的重要器件，它是声能与其他形式的能如机械能、电能、磁能等相互转换的装置。它有两个用途：一是在水下发射声波，称为"发射换能器"，相当于空气中的扬声器；二是在水下接收声波，称为"接收换能器"，相当于空气中的传声器（换能器在实际使用时往往同时用于发射和接收声波，专门用于接收的换能器又称为"水听器"。换能器的工作原理是利用某些材料在电场或磁场的作用下发生伸缩的压电效应或磁致伸缩效应）。

　　声呐设备门类广、型号多，根据它们的工作方式，可分为被动声呐和主动声呐两类。

　　被动声呐本身不发射声信号，只处于被动接收状态工作，所以也叫无源声呐。无源声呐主要用于检测目标所辐射的声信号，如潜艇噪声、鱼群噪声等。

　　主动声呐是一种有源声呐，它通过自己向海洋发出的声信号和目标反射回波，经处理达到测距定位的目的，广泛应用于海洋目标的探测、定位导航等方面。

◆ 电脑病毒武器

　　电脑病毒可以说是进行信息战的重要武器。自从 1980 年美国编制出第一个电脑病毒程序至今，世界上已出现了上千种不同类型的电脑病毒，并以其特有的性能引起了世界各国的极大关注。

　　电脑病毒具有如下两大特点：一是繁殖能力强，传染途径广。电脑病毒和生物病毒一样，繁殖能力极强，电脑一旦染毒可以很快"发作"，并可以通过有线网络、硬件、交换等途径传染。美国国家保密局以及陆、海、空三军的绝密情报机构，一直在研究利用已经缠住家庭和办公室电脑的特别致命的计算机病毒来传染敌人计算机系统的办法。二是潜伏期长，破坏力大。电脑染毒以后也可以不马上"发作"，而是潜伏起来，等待时机成熟再"发作"。"发作"后，轻则可干扰系统的正常运行，重则消除磁盘数据，删除文件，导致整个电脑系统的瘫痪。美国研制的一种病毒——逻辑炸弹，就可以在预先确定的时间内控制敌人的计算机系统，在这个时间内它将出现并开始吃掉数据。据报道，海湾战争爆发前，美军利用伊拉克为其防空系统购买电脑的机会，派人秘密将载有病毒的芯片装入电脑，通过法国卖给伊拉克，战略空袭前以无线电遥控的方法将隐蔽的病毒激活，致使伊拉克的预警、指挥、通信和火控系统陷入瘫痪，战争刚刚开始就蒙受了巨大损失。

海湾战争刚一结束，美国就大胆地提出了研究专门用于攻击飞机、坦克、舰艇、导弹等的电脑病毒武器的设想。通过几年的论证后，美国国防部开始组织人力研制一种电脑病毒枪。此枪可定向对飞机、坦克、舰艇、导弹以及带有电脑的装备发射带病毒的电磁波，使其电脑程序错乱或删除，无法正常工作而丧失战斗力，甚至自我爆炸、自我摧毁。美国声称，此枪一旦研制成功，像米格－33那样世界一流的战斗机，只需攻击10秒钟就会变成一块空中废铁。此外，在战时，此枪还可对敌国的金融、商业、交通、通信等行业的电脑管理和运行中心进行攻击破坏，造成对方经济和社会的混乱。

◆ 网络黑客与网络战争

所谓网络黑客，是指那些为了某种特定目的而采取特殊手段，非法侵入互联网系统的计算机操作者。由于这些黑客往往具有超人的计算机操作本领，所以他们可以很方便地插入以计算机为核心、以各种通信手段和数据库为主组成的网络系统中，并方便地光顾那些本属禁区的军事要害部门，从事一些非法活动，从而给一个国家的安全造成巨大威胁。网络黑客的出现已令军事专家们大伤脑筋，尤其是那些信息技术和网络建设走在前列的发达国家。

1995年9月18日，在美国马萨诸塞州汉斯科姆空军基地电子系统中心，进行了一场旨在"篡夺美国大西洋舰队指挥权"的特殊演习。这场演习的代号为"联合勇士"，其目的是检验美国国防系统的安全性。参加这次演习的人员除五角大楼内的要人外，"主角"只有一个人——一名年轻的空军上尉。这位年轻的军官试图做前苏联早就想做但却未能如愿的事情。对于他是否真的能"篡夺"美军大西洋舰队的指挥权，当时所有在场参演观看的政府要人们都持怀疑态度。

参演前，这位年轻的空军军官从商店里买来了一台普通的计算机和调制解调器，并以此作为他唯一的武器。他既没有特别的内线情报，也没有出入五角大楼的特别通行证，唯一的参战资本就是他所拥有的"计算机神童"的天资。

演习开始了，年轻的空军上尉首先把自己的计算机并入互联网，键入了几个判断正误的字符后，便与当地互联网提供中心接上了头。紧接着，一阵"咔嚓"声和"嗡嗡"声之后，一段看似简单的电子邮件信息便进入了目标军舰的计算机系统内。军舰计算机系统接到命令后，立即将接收到的指令送往舰载指挥控制中心。此刻，聚集在演习现场的人们屏住了呼吸，紧张的心情犹如一颗即将引爆的定时炸弹。几秒之后，马萨诸塞州汉斯科姆空军基地电子系统中心控制室的计算机屏幕上便打出了一行"控制完成"的字样，这标示着黑客已经顺利打开所有关口，安全进入军事目标区。在座的所有人员由起初的疑惑一下子跌入了恐惧之中。

此刻，除了一些级别极高的海军将领外，作为演习对象的美海军大西洋舰队的海军指挥官却毫无所知，仍像往常一样，照例接受着计算机系统所发出的指令，他们万万没有想到自己的舰艇指挥权正悄然落入他人之手。随着隐藏在电子邮件信息中的密码在各军舰计算机中的不断复制，目标军舰一艘接一艘地拱手交出了指挥权。就这样，在短暂的时间里，整个海军指挥权就被一根电话线完全操纵了。但对这些可怜的海军舰长们来说，最值得庆幸的是，这个篡夺指挥权的入侵者——网络黑客并无任何敌意，他只不过是在奉命试验国防系统的安全性，否则，其后果将不堪设想。演习结束后，一位参演的高级官员不无感慨地说："这说明，在保护信息系统方面我们还要做很大努力。"

为了应对网络黑客的袭击，五角大楼专门委派了一名将军来负责统帅美国的"网上特种兵"。这支部队主要有三方面任务：第一，试验各种现有网络武器的效果；第二，制定美国使用网络武器的详细条例；第三，培训出一支"过硬的网上攻击队伍"。

2006 年年底，美国国防部还组建了一支全新的部队——网络媒体战部队。网络媒体战部队成员不仅具有较高的计算机水平，而且具有深厚的新闻宣传理论知识。他们既是电脑高手，又是出色的"记者"。这支新军将全天候 24 小时鏖战互联网，"力争纠正错误信息"，帮助美军对抗"不准确"新闻、引导利己报道。

美国著名军事预测学家詹姆斯·亚当斯在其所著的《下一场世界战争》中曾预言：在未来的战争中，计算机本身就是武器，前线无处不在。夺取作战空间控制权的不是炮弹和子弹，而是计算机网络里流动的比特和字节。而这正是未来网络作战的真实写照。

► 军队信息化

军队信息化是指在国家最高军事领率机关的统一规划和组织下，在军队建设的各个方面应用现代信息技术，深入开发，广泛利用信息资源，加速实现军队现代化。

军队信息化建设的根本目的是提高军队的核心战斗力——信息力和结构力。结构力是军队因大量采用信息技术而使其武器装备、军事人员、体制编制和军事理论实现科学合理的整合后产生的 $1 + 1 > 2$ 的作战能力。这里，我们可把结构力分解为功能结构力和组织结构力。功能结构力是指目标探测、跟踪识别、指挥控制、火力打击、战场防护、作战机动和毁伤评估等作战功能实现一体化后产生的作战能力；组织结构力则是陆、海、空、天、电等各作战单元和各种部队一体化、网络化后生成的作战能力。

军队信息化建设是建设信息化军队的过程，信息化军队是军队信息化建设的最终结果。信息化军队，是信息时代的主要军队形态，是规模小、质量高，装备信息化武器装备体系，由新型军事人员构成，以信息力为作战力量最重要的构成要素，适于打信息化战争的网络化、知识化、一体化武装集团。目前，军队信息化建设的内涵主要有六项：

在军事理论方面。要变革工业时代以机械化战争为核心的军事理论为信息时代以信息化战争为核心的军事理论。在这一方面，发达国家军队已取得很大进展，主要是拓宽了国家安全的内涵：使军事战略像核武器问世后出现了"核化"趋势一样出现了"信息化"趋势；战争与作战理论已开始深度创新，有关新概念层出不穷等。

在军事技术方面。要积极开发和利用高技术特别是信息技术。当前，包括信息技术在内的各项高技术正在飞速发展，各国军方在积极利用民用信息技术的同时，正在大力开发军用信息技术，以便为装备信息化建设提供持续的技术支撑。

在武器装备方面。要把机械化武器装备体系逐步改造为信息化武器装备体系。世界各国军队尽管装备信息化建设起步有早有晚，发展水平很不平衡，但都走上了装备信息化建设之路。迄今，只有美国初步建成了比较完备的信息化武器装备体系。

在军事人才生成方面。要大力培养信息时代的新型军事人员。这些军事人员要有强烈的信息意识、丰富的信息知识和高超的信息技能，适于建设信息化军队和打信息化战争。

在军事组织体制方面。要考虑建立信息时代的信息化军队体制编制，以便使信息在军队内部和战场上快速、顺畅、有序地流动，以适应打信息化战争的要求。目前，美国等西方国家军队将重点放在如何变纵长形"树"状领导指挥体制为扁平形"网"状领导指挥体制；如何进行陆军的结构改革，使其适应高技术战争和信息化战争的要求，以及如何组建信息战攻防部（分）队等。

在后勤保障方面。要全力打造"数字化后勤"。西方发达国家军队已经全面启动"数字化后勤"建设。"数字化后勤"是以数字信息技术和系统为主要管理手段的可视化后勤，其基本内涵是后勤管理的数字化。即一方面要求管理信息数字化，另一方面要求管理系统和过程数字化。后勤管理数字化的基础是后勤和后勤管理的标准化、制度化以及后勤管理数据库建设，关键是要建立开放的、实时的、面向部队的数字化后勤管理综合信息系统。

信息化士兵

信息化战争下的士兵除了装备传统的枪支弹药外，还要随身携带体积小、重量轻的综合电子信息设备。这种设备有个人无线通信功能、GPS 类型的导航定位功能、个人计算机及其网络功能、夜视功能、敌我识别功能、报警功能、对某些信息化弹药的发射指挥功能等。这些士兵将穿戴具有自适应温度调整、

全副武装的信息化士兵

颜色调整功能的作训服装，在某些情况下还可能使用个人飞行器。

与只携带传统武器的士兵相比，这样的信息化士兵的战斗力有着质的飞跃。信息化士兵既能接受高度集中的指挥，必要时能直接接受师长的指挥，又能按照上级的作战意图和自己所掌握的信息，高度自主地对敌人作战。

数字化军队

在高技术战争中，计算机数字化的图像系统在指挥系统里将扮演越来越重要的角色。各级指挥部的指挥手段全是数字计算机。每架战机上、每辆坦克上以及每个士兵的头盔上都载有摄像机。指挥部的命令通过数字计算机变成数字化图像迅速传递到多种武器装备和士兵们的数字化图像荧屏上，并随时进行跟踪。前线的作战情况、敌方的情况和己方军队的后勤保障情况都通过摄像机及时将数字化图像传递到各级指挥部。而且，友邻部队的情况也通过数字化图像系统相互随时传递、随时显示出来。这样，无论是各级指挥员还是每个战士都可以对整个战场的情况了如指掌。

数字化部队是指以计算机技术为支撑，以数字通信技术为纽带，使部队从单兵到各级指挥员，使各种战斗、战斗支援和战斗保障系统都具备战场信息的获取、传输及处理功能的部队。

　　在信息化战争时代，以数字化信息技术为核心，以精确制导武器为骨干的火力打击系统和以电子干扰设备为代表的电子对抗系统，已经成为军队生存与制胜的重要支柱。虽然作为一种新的战争形态，信息化战争还只是处在初期发展阶段，信息化军队与战场才刚刚起步，但许多国家已从过去的火力制胜的观念转到信息制胜的观念上来，用信息制胜的观念来进行军队建设和战争准备。

　　数字化部队的建设不仅使部队的指挥控制能力提高，结构优化，反应迅速，同时也使整个战场上的信息系统能相互兼容，更加及时可靠，使诸兵种的联合与合成作战行动成为密切协调的整体，从而，能够赢得和保持战场指挥控制的主动权，更精确地使用作战力量，打赢战场时空范围广大、作战对象和规模不同的各种强度的战争。

　　数字化部队是进行信息化战争的基础。

　　1993 年时，美军参谋长联席会议主席在对国会报告里提出：信息作战将成为美军以后 20 年内最高的作战目标和指导思想。从其手中诞生的美军第 4 师是美军第一支也是全球第一支数字化师。美军第 4 师的出现使美国的武装力量从机械化作战完成了向信息化作战的一大延伸。

　　美国陆军战术实验所兵种协作技术主任威廉·哈巴德说："在利用高技术手段执行命令方面，我们取得了根本性和实质性的进展。它可以和 20 世纪 30 年代美国陆军采用履带式装甲车和无线电所带来的革命性变革相提并论。"

　　1997 年 3 月，美国陆军在欧文堡国家训练中心进行了旅级规模的数字化部队试验演习，基本完成了数字化部队建设的概念论证和发展阶段，其着眼于 21 世纪的陆军部队建设将在师以上部队逐步展开。在美国的带动下，德国、英国等北约国家军队和以色列等军事强国也都陆续开始了陆军的数字化建设进程。

🔾 信息化作战平台

　　信息化作战平台是指装有大量电子信息设备，以信息和信息技术为核心的坦克、火炮、飞机、舰艇等武器载体。这些作战平台是自动化指挥系统的节点，是自动化指挥系统发挥打击威力的重要物质基础。

　　信息化作战平台的远程精确打击距离大大超过了操作人员的目视距离，并且不受气候、地理条件的影响，其协同作战的规模、范围和精确性将大大超过非信息化作战平台所能达到的水平。

　　信息化作战平台还有足够的对抗敌方利用自己信息的能力，这就是有侦察、干扰、欺骗等功能的电子战设备，以及采用隐身技术措施等。

信息化下的指挥

　　机器人士兵实质上是一种无人的、具有一定信息获取和处理能力的杀伤火力载体，属于无人信息化作战平台的范围。机器人士兵与信息化士兵是两个根本不同的概念。随着电子信息技术的发展，一部分信息化作战平台将向无人信息化作战平台方向发展。在 21 世纪，人们有可能见到在某种战场环境下实战用的机器人哨兵、机器人工兵、机器人步兵，甚至无人智能坦克。等到机器人士兵大量装备之时，必将引起作战样式的重大变化。

　　信息化作战平台的一个重要发展方向是隐身化、无人化。现代高技术战争中侦察与反侦察的斗争越来越激烈，为了对付各种侦察的威胁，就必须采取相应的反侦察措施和手段，让敌人"看不见""摸不着"。隐形技术和隐身武器装备应运而生了。

隐身化就是运用材料、结构、电子、红外光学等隐形技术，减小雷达反射面积，降低红外辐射强度，减弱噪声，缩小目视探测距离，达到提高武器装备战场生存能力的目的。目前，隐身技术已被广泛应用于飞机、坦克、舰船等作战平台。B－2轰炸机和F－117A战斗轰炸机的雷达反射面积只有0.1平方米。第四代隐身战斗机F－22，具有全频谱隐身性能，雷达反射面积仅为0.08平方米。此外，隐身通信系统、人体隐身器、隐身军用机场等装备和设施也已研制成功。可以预见，隐身技术和隐身作战平台将给未来战场带来更加深远的影响。

基本小知识

全频谱隐身

　　全频谱隐身是指飞机除具备雷达隐身外，还具备红外隐身、音响探测隐身的性能。

　　太空化是信息化作战平台的又一个重要发展方向。随着信息化战争的到来，空间特别是太空的战略地位日益提高，航天飞机、载人飞船、空间站、卫星等空间平台的发展已经取得了突破性进展并广泛应用，为开辟太空战场奠定了基础。反导系统、反卫星武器的相继问世，必将把未来作战引向外层空间。这些新型作战平台将对航空航天一体化作战产生革命性影响。

知识小链接

反卫星武器

　　反卫星武器技术并不是什么新东西。美国早在1959年就对一种实际系统进行过演示，前苏联也在1968年试验了其第一种反卫星武器。一般来讲，反卫星武器有共轨式、直接上升式、定向能式和电磁干扰式4种类型。

🔘 信息化战场

21 世纪信息化的武器系统，是由信息化弹药、信息化作战平台及相应的 C^3I 系统构成的。以信息化弹药为基本火力，并将执行不同任务的多种信息化作战平台进行合理编配，就构成了信息化战斗群。这种战斗群将是 21 世纪武器装备体系的主要形态。

在交战双方中只要有一方是训练有素的人员所掌握的信息化战斗群，就构成了信息化战场。在信息化战场上，许多事情是透明的。但如果双方信息能力相差悬殊，则许多事情是单向透明的，胜利只属于信息能力强的一方。军队的信息能力是一种作战能力，如同精确打击能力、防空能力、快速投送能力等一样，是高技术战争中必不可少的、甚至是第一位重要的作战能力。

🔘 信息战

信息战是在火力打击、作战指挥方面，为信息的获取和反获取、压制和反压制、欺骗和反欺骗，以及为信息和信息源的摧毁和反摧毁所进行的斗争，包括在争夺民心、士气等方面，使用电视、广播、传单等手段围绕着利用和反利用信息所进行的斗争。信息战是 21 世纪战争中花样最多的一种战争样式，也是决定战争胜负的一种重要战争样式。

在未来高技术战争中，不仅要夺取空中优势、海上优势，更重要的是夺取信息优势。

第二次世界大战末期出现了核武器，随后在军事理论中出现了核威慑、常规威慑的概念。威慑是实际军事力量对于潜在对手的一种强大而现实的制约因素。威慑所起的作用相当于《孙子兵法》中"不战而屈人之兵"的效果。

未来战争中还有没有其他类型的威慑呢？笔者认为，可能会出现信息威慑。战争中掌握了信息技术优势的一方对于另一方显然具有一种整体上的优势。而

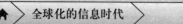
弱的一方若能针对强的一方的信息系统给予"点穴"式的攻击，同样有可能使对方战争机器效能大减。对于发生战争而言，两者都是制约因素。因此，从战略上巧妙运用己方的信息威慑能力，就有可能为赢得战争创造条件。

在现代战争中，集中指挥、分散指挥、按级指挥、越级指挥、合成指挥都是需要的，而以集中指挥、按级指挥为其基本的指挥模式。

海湾战争证明了伊拉克所实行的高度集中的作战指挥体制，不能适应高技术条件下的战争。美国国际预测公司的专题报告指出："海湾战争中的一条无可争辩的教训是，自上而下的高度集中的指挥控制体系已经过时。依靠这种体系的军队无法承受和修复对手对其 C^3I 系统所造成的战斗损害，也不可能跟上对手的对方行动—己方决定—作出反应的周期。面对分布式的指挥控制网络，这样的军队就如同供对手练拳击的沙袋。"

信息化的武器系统为上级高度集中的作战指挥创造了物质条件，使战区指挥官有可能通盘计划其战术行动。海湾战争中，多国部队每日出动飞机约 3000 架次，这一空中作战任务就是由空军信息系统统一制定计划，并由各国、各军兵种分头执行的。

信息化的武器系统也为下级高度自主的作战指挥创造了物质条件，分布式 C^3I 系统具有高抗毁性，能够确保下级指挥官得到与他有关的详尽的作战信息，从而使他能够根据上级总的作战意图，机智果断地处置临时发生的情况，取得最大的作战效果。

"尊重科学，重视武器，决定因素是人的素质"，这是各国军事部门形成的一条共识。在高技术战争中武器的毁伤能力将会大大提高，但其数量将会减少。军队的战斗力将会大大提高，其数量也将减少。战争不仅在整体上将要成为智谋型而非体力型的较量，甚至连单兵格斗也将是如此。

综上所述，21 世纪军事斗争是在多个层次上、围绕着信息的利用和反利用展开的。信息化将是 21 世纪军队有别于 20 世纪军队的主要标志。

战场感知

战场感知是随着信息技术特别是探测技术的发展、信息优势等概念的形成，以及新军事革命理论的深化而产生的新概念，是所有参战部队和支援保障部队对战场空间内敌、我、友各方兵力部署、武器装备和战场环境（如地形、气象、水文等）等信息的实时掌握的过程。

战场感知能力包括："信息获取"、"精确信息控制"和"一致性战场空间理解"三个要素。"信息获取"指及时、充分、准确提供敌、我、友部队的状态、行动、计划和意图等信息的能力；"精确信息控制"是指动态地控制和集成战术指挥、控制、通信、计算机、情报、监视与侦察资源的能力；"一致性战场空间理解"是指参战人员对敌、友和地理环境理解的水平与速度，保持战术部队与支援部队对战场态势理解的一致性的能力。由此可见，战场感知除传统的侦察、监视、情报、目标指示与毁伤评估等内涵以外，还包括信息共享及信息资源的管理与控制。联合部队利用这一能力，可一致性地理解及预测战情，控制战争进程，夺取作战优势。

为增强未来信息化战争下的战场感知能力，许多国家均在加强相关系统的开发。例如，美军开始研制的"战场感知与数据分发"系统，计划通过三个阶段的先期概念技术演示，实现该系统与全球军事指挥控制系统联网，建成分布式全球信息管理系统，随时为分散在美国本土和世界各地的美军提供不断更新的陆、海、空战场综合态势图。

▶ 信息战争的双刃剑

尽管信息战主要是通过社会或军队的信息网络来实施的，但从根本上看，这种作战样式主要涉及的不是卫星、电缆和计算机，而是人，是人的信念系统和决策行动。信息战仍是一种心智战，掌握信息的优势只是取得胜利的一个因素，能否取得战争的彻底胜利，说到底还得取决于战争双方的政治、经济、民族文化传统等多方面的因素。而仅就信息领域来说，发达国家是否一定能够掌握住未来战争中的制信息权，已经开始引起人们的怀疑。

美国国防大学信息战专家马丁·利比基认为，敌军总是会找到办法使信息不受电子干扰。由于有微型计算机、移动电话和电视会议网络等的存在，敌军领导人能很容易地把指挥中心分散到许多地方去，使进攻者难以全部摧毁。同时，其他国家即使是不太发达的国家，也很容易研制出这样的武器来对付美国。美国未来学家阿尔文·托夫勒也说："这是很平等的，不只是大国和富国才能在信息战中使用这种现代柔道术。这就是穷国追求信息战将比技术上先进的国家快得多的原因所在。"五角大楼前负责通信的权威领导人唐纳德·莱瑟姆在这方面也有相似的观点，他认为："这不需要大量资金。少数非常聪明的拥有计算机工作站和调制解调器的家伙，就能危及人们的生命并给经济造成巨大破坏。"

在拥有强大的技术经济能力的国家或群体内，可用信息战武器攻击的战略目标是不胜枚举的。如无线电远程通信与电话系统、天基探测器材、通信中继系统，帮助处理财政、金融和商业事务的自动化设备、电力系统，各种文化系统以及有关的所有硬件和软件等。美国中央情报局的一份秘密情报的结论谈到，虽然目前还没有明显地针对美国军队计算机设施的袭击，但外国情报机构已经在刺探美国的计算机情报。研究五角大楼未来使命的一个外围委员会曾在一份报告中警告说，对手"甚至不用进入美国"就能破坏这些计算机。

信息战武器的发展以及发达国家对信息系统的日趋依赖不仅使其在未来信息战中没有过多的优势，而且也造就了信息战战场上的一些新的参与者。这些新的信息战参与者的队伍在不断扩大，他们大多是非国家性的政治团体和人员，其中也包括那些恐怖分子。这些团体和人员很可能利用全世界联网的计算机和通信系统，在全球范围内交流信息，协调某些政治行动乃至针对信息系统实施信息战，以影响事态的发展。也就是说，传统的民族国家的军队或政府，不再是对发达国家如美国安全的仅有威胁，也不再是他们安全政治考虑的唯一对象，他们还不得不花费更多的精力来应付新的威胁。

和其他战争一样，信息战也是一把双刃剑，不仅可以危害别人，也可能伤了自己。

新时代的新技术与新挑战

　　信息技术涉及人类生活的方方面面，为人类带来了很多的益处。许多新技术诞生在这个新的时代，它们不断地改变着我们美丽多姿的世界。然而，我们也面临着一些安全隐患，我们还需不断地接受挑战。本章将带着你一起了解新时代的新技术与新挑战。

遥感技术

工作中的遥感仪

就像人们用自己的五官来观察和识别各种物体一样，遥感技术是以各种物体所具有的能辐射、反射电磁波的物理特性为基础，借助某些手段来探测物体的特性信息，然后通过信息处理中心，达到对物体的感知认识的。因此，遥感技术应包括三个组成部分。

一是能够感知远处物体的性质的设备，统称遥感仪。它的作用是接收物体辐射或反射过来的电磁波。

目前，遥感仪有多种，如航空摄影机，这是一般的可见光摄影机。还有多光谱摄影扫描仪，它主要是扫描、接收紫外线、红外线等不可见光。

此外还有微波雷达，它可对一个目标发射微波，根据它反射回来的波进行主动性的跟踪遥感。以及微波、激光散射仪、夫琅和费谱线鉴别仪等先进的遥感仪。

二是要有一种运载工具，把遥感仪送到同被探测物体保持一

广角镜

军事测绘

军事测绘是指为军事需要获取和提供地理、地形资料和信息的专业勤务，它是国防建设和军队指挥的保障之一。它的基本任务：测制与搜集军用大地测量成果和军用地图，调查整理军事地理资料；组织实施作战和训练的测绘工作。通常由军事测绘部门实施。它的主要目的：保障指挥员了解战区地理形势，掌握战场地形情况；保障部队在作战中正确利用地形；保障技术兵器准确定位，充分发挥射击效能。

定距离和角度的地点去，这就是遥感平台，即架设遥感仪器的平台。如用飞机作遥感平台，就是航空遥感。还可将遥感仪装在船上、车上，就是地面遥感。使用最广泛的是采用人造卫星或宇宙飞船作遥感平台，叫作航天遥感。一般所称的遥感就是指航天遥感。

三是识别设备，它处理和判读由遥感仪所接收到的目标物的信息特征。没有它，我们对目标物仍然是一无所知。识别设备主要由电子计算机、彩色合成仪、图像数字化仪器等组成。

遥感技术广泛用于军事侦察、导弹预警、军事测绘、海洋监视和气象观测等。在民用方面，遥感技术广泛用于地球资源普查、植被分类、土地利用规划、农作物病虫害和作物产量调查、环境污染监测、海洋研制、地震监测等方面。

遥感技术总的发展趋势是：提高遥感仪的分辨率和综合利用信息的能力，研制先进遥感仪、信息传输和处理设备以实现遥感系统全天候工作和实时获取信息，以及增强遥感系统的抗干扰能力。

◤ 条形码技术

在超级市场或图书馆，常常看到收银员或管理员将商品或图书外包装上的条形码放在条形码阅读器上轻轻划过，电脑显示屏上就会立刻出现该商品或图书的名称、单价等。这实际上是计算机联机系统通过条形码阅读器读入条形码数据，根据读入的数据在计算机数据库内检索相应信息，然后将结果显示出来的过程。

条形码是由一组宽度不同的直条和一串数字组成的，并且直条按"条"、"空"相间的形式整齐地排列着。在条形码中，"条"、"空"组成条码，数字组成数字码。宽度不同的"条"、"空"，分别表示不同的字符，这些字符实际上包含了与该商品有关的一些信息，其中有生产该商品的国家或地区代码、生产厂商代码、商品名称代码以及校验码等。数字码与条码所包含的信息是相同的。在商品出售时，只要将条形码在条形码光电阅读器上扫描一下，计算机就会按厂商代码和商品代码在数据库中找到销售价格，并在库存中减去本次销售量，然后在收银机上显示出品名、单价、数量、金额等，并由票据打印机将这些内容打印在票据上。

为了便于条形码阅读器扫描阅读，条形码中的"条"采用光反射率较低的颜色，"空"则采用光反射率较高的颜色，"条"与"空"两种颜色往往对比鲜明，例如分别采用黑色与白色、蓝色与黄色、绿色与红色等作"条"与"空"的颜色。

根据地区及应用范围，国际上已制定出若干种条形码标准，如通用产品代码 UPC、国际标准书号 ISBN 等。根据国际标准书号 ISBN 编制的书号码，前四位数字是国家或地区的代码，接着的三位是出版社的代码，接下来的五位是书号代码，最后一位是校验码。

根据欧洲商品编号 EAN 编制的商品码由 13 位数字码及对应的条码组成。我国也在 1991 年制订了国家标准 GB 12904－91，依据它所印制的通用商品条形码，其结构与 EAN 条码相同，开头三位数字代表国家或地区，接着四位是制造商的代码，后面五位为商品名称代码，最后一位是校验码。此外，常见的条形码还有二五条码、交错二五条码、三九条码、库德巴条码等。

条形码是美国工程师伍德兰研制出来的，用于计算机识别。当时他绝不会想到他发明的条形码，后来会得到这样广泛的应用。现在，邮局的挂号邮件、图书馆所藏书刊上都贴有条形码，提高了邮件处理或图书借还的速度。工厂的产品管理或仓库库存物品的管理也采用了条形码技术，使工作效率明显提高。

条形码阅读器是专门读取条形码的一种机器，它有笔式、卡槽式、图像传感器式和激光式等几种样式，它们的发光光源有发光二极管、激光和其他光源形式，按工作方式可分为移动式和固定式两种。

笔式条形码阅读器以发光二极管为光源，是一种移动式（手持式）条形码阅读器。操作时只要将笔头有小口的一端对准条形码，与条形码成垂直方向做匀速直线运动，条形码信号便通过电缆进入计算机。

　　由光源发出的光，经透镜聚焦、反射镜反射，将光线照到条形码上，条形码上"空"的部分反射率高，"条"的部分反射率低。反射的光经透镜聚焦及光栅隔离，由光敏元件接收。由于"空""条"之间的反射光强度不同，在笔式条形码阅读器移动时，就得到一组高低不同的电子信号，再经译码装置转换成一组数字信号。如果笔式条形码阅读器移动得不均匀，则得到的信号就不准确。

　　卡槽式条形码阅读器与笔式条形码阅读器的工作原理是相同的。通常是将卡槽式阅读器安装在固定的位置上，例如安装在收银机的工作台上。在工作时只要将印有条形码的地方在卡槽式条形码阅读器头上划过，即可读取条形码信息。

　　图像传感器式和激光式条形码阅读器都不需要在条形码垂直方向上做相对运动，只要将条形码靠近阅读器，不必接触，就能可靠地读出条形码信息。

条形码阅读器

　　条形码是实现现代化管理不可缺少的辅助手段，它常用于超级市场、医院、图书馆、书店及各种库房管理中。有了它，登录、结算都变得既快捷又准确。

▶ "三网融合"技术

　　所谓"三网融合"，就是指电信网、广播电视网和互联网的相互渗透、互相兼容，并逐步整合成为统一的信息通信网络。

　　随着通信行业的快速发展，人们对通信的要求已不仅限于单一的语音信息交流，信息技术的不断发展，网络传输的速度加快，语音、数据、图像的综合信息服务带给了人们自然、生动、真切和有效的交流方式。加上 IP 承载技术的快速发展和电信法制的不断健全，一场席卷全球的"三网融合"浪潮正在信息运营界蔓延。

"三网融合"能够使运营商在信息沟通的经营中实现网络资源的共享，避免低水平的重复建设，形成对客户业务需求响应快、业务适应性广、运营效率高、网络维护费用低的高速带宽的多媒体基础平台。

数字电视说明了信息数字化的需要，而网络电视是传输 IP 化的需要，当人们完成最基本的数字化统一时，高层标准的统一逐渐成为需要，真正的互联互通是面向应用的，只有最终用户享受到才是真的互联互通。与网络互联互通所带来的传输能力加强相比，业务融合是更有意义的事情。

"三网融合"技术的实现，会给计算机网络的应用和资源的利用提供更广阔的平台，节省更多的网络投资，并且还有利于充分利用已有的软件资源、硬件资源、信息资源、移动资源，为信息社会提供更好的服务。

📀 计算机多媒体技术

计算机多媒体技术就是借助计算机将数据、声音、文字、图形、动静态图像等多种功能融于一体，并将结果结合地表现出来的一种方法。一般说来，计算机多媒体有以下特点：

1. 信息载体的多样性——相对于计算机而言的，即指信息媒体的多样性。

2. 多媒体的交互性——用户可以与计算机的多种信息媒体进行交互操作，从而为用户提供了更加有效地控制和使用信息的手段。

3. 集成性——以计算机为中心综合处理多种信息媒体，包括信息媒体的集成和处理这些媒体的设备的集成。

4. 数字化——媒体以数字形式存在。

5. 实时性——声音、动态图像（视频）随时间变化。

近年来，多媒体技术得到迅速发展，多媒体系统的应用更是以极强的渗透力进入人类生活的各个领域，如游戏、教育、档案、图书、娱乐、艺术、股票债券、金融交易、建筑设计、家庭、通信等。利用多媒体技术，我们建立了先进的通信网，既可以选择收看影视节目，还可以听音乐、玩游戏等。多媒体不仅仅是为了娱乐，与各种资料信息库、图书馆联网后，我们可以大量阅读配有图像和声音的资料，对自己需要的资料还可以读取或存储起来。利用多媒体技术，人们就可在世界任何地方、任何时间同自己的同事、亲友、客户通话，通话者之间可以闻其声、谋其面，并且可将这段信息存储下来。总之，多媒体技术缩短了世界的距离，给人类带来了一次革命性的影响。

➡️ 防不胜防的黑客

提到网络安全，人们首先想到的恐怕就是电脑黑客了。所谓电脑黑客，指的是那些凭借娴熟的电脑技术和破译密码的本领，非法侵入他人计算机系统窃取信息，甚至破坏各种计算机系统的人。我们将他们形象地比喻为蒙着神秘面纱，神出鬼没的"超级杀手"。

黑客侵入计算机的状态

事实上，网络系统受到黑客的袭击，在美国和其他国家早已屡见不鲜。1988 年，一名黑客就运用了黑客技术袭击了美国芝加哥银行的网络系统。这名黑客通过电脑网络，涂改了银行账目，把 7000 万美元的巨款转往国外，这给该银行造成了巨大损失。无独有偶，1995 年 8 月，一名黑客使用同样的手法从俄罗斯圣彼得堡的花旗银行偷走了 40 万美元。除了银行系统，军事网络系统也是黑客重点入侵的主要目标。早在民主德国和联邦德国合并之前，前联邦德国的几名学生利用电脑网络，破解了美军密码，并将窃取的美国军事机密卖给了前苏联的克格勃，此事曾令美国军方震惊不已。还有一位阿根廷男青年，利用家里的电脑，通过国际互联网线路，进入到美军及其部署在其他国家机构的电脑系统中漫游了长达 9 个月的时间。这名青年说："我可以进入美国军方电脑网，可以到任何一个地方去漫游，也可以删除任何属性的信息。"直到 1996 年 3 月，这位黑客才被有关部门抓获。令人吃惊的是，这名黑客只有 21 岁。1997 年，一名黑客侵入了美国佛罗里达州的警务应急系统，使应急警务和消防部队的瞬时响应功能受到严重干扰，损失惨重。

知识小链接

黑客技术

黑客技术是互联上的一个客观存在，对此我们毋庸讳言。和国防科学技术一样，黑客技术既有攻击性，也有防护的作用。黑客技术促使计算机和网络产品供应商不断地改善他们的产品，对整个互联的发展一直起着推动作用。这就像我们不能因为原子弹具有强大的破坏力而否认制造原子弹是高科技一样，我们也不能因为黑客技术具有对网络的破坏力而将其摒弃于科学技术的大门之外。发现并实现黑客技术通常要求操作者对计算机和网络非常精通，因为发现并证实一个计算机系统漏洞可能需要做大量测试、分析大量代码和长时间的程序编写，这和一个科学家在实验室中埋头苦干没有太大的区别。

因特网上日益增加的犯罪行为引起了人们的关注，许多案例已给企业、政府部门以至个人带来了不可挽回的损失。黑客们乱改他人档案资料，盗用他人密码和 IP 地址，非法收集 E – mail 地址，在网上传播病毒、散布谣言、传播色情内容、盗用他人信用卡购物……这一切都是明令禁止的违法犯罪行为。

在所有黑客中，最具威胁的是一伙能发现并攻击因特网缺陷的软件工程师。他们不断编写出功能强大的探测工具，去查找因特网中计算机系统的漏洞。一旦发现某个系统有漏洞，他们就会登录和控制这个系统。

◕ 迎接黑客的挑战

黑客的出现，使人们对网络系统安全的信心产生了动摇。专门研究对付黑客方法的艾伦·所罗门认为："不论你上多少道锁，总会有人找到办法进去。"美国众议院前议长纽特·金里奇也曾在一次会议上指出："网络空间是一个人人都可进入的自由流动区——我们最好做好准备，以便应付我们做梦也想不到的对手在各个领域的发明创造力。"这说明，在未来信息领域的斗争中，网络黑客将是最难对付的敌手之一。

有矛就有盾，难对付也要想办法对付。目前世界各国最常用的方法就是加装密码软件。这种软件是一种由 40 位信息量所组成的程序，可分别为文本、图像、视频、音频等加密，使用简便，安全性强。但"道"高，"魔"更高。自 1995 年 8 月以来，这种密码软件接连数次被破译，甚至是新推出的更加安全的新一代软件，也仍被两名对密码学感兴趣的加州伯克利大学的研究生发现了其中的漏洞。目前，计算机网络的使用者们已经把对网络安全问题的关心提到了首位，迫切希望计算机硬件和软件公司能够开发出更加安全可靠的"密钥"，使人们对网络的安全性达到信赖的程度。

进入 20 世纪 90 年代，随着网络黑客袭击案例的增多，美军在加强电脑网络防护能力、防止外来黑客入侵的同时，又在积极筹建"主动式黑客"部队，即组建一支类似黑客的"网络战士"。这些"网络战士"将以计算机为武器，用键盘操作来使敌人瘫痪，操纵敌人的媒体，破坏敌人的财源，从而达到"不战而屈人之兵"的战争目的。

2008 年 3 月，美军战略司令部司令希尔顿在参议院听证会上透露，五角大楼已制定网络战相关方案。美军高层认为："电脑网络是自陆、海、空、太空之后第五作战领域，我们一定要掌握网络战争的主导权，而且出手必胜。这是事关美国能否继续保持超级大国地位的头等大事。"

2009 年 6 月 23 日，美国国防部长盖茨宣布正式创建网络战司令部。该司令部将对目前分散在美国各军种中的网络战指挥机构和力量进行整合，从而使美军具有强大的攻防兼备的网络战能力。

📂 防火墙

如今，网络系统不仅把系统内部的计算机紧密联系在一起，还进行网间连接。特别是因特网，它把世界各地的计算机系统都紧密地连接在一起。因此，如果不严加防卫，一旦网络受到敌方或黑客们的攻击，后果将不堪设想。

在互联网上，人们采用类似防火墙的方法，保护网络资源不受侵害。具有这种功能的设备就称为防火墙。防火墙是一种中间隔离系统，插在内部网与互联网之间，作为两者之间的阻塞关卡，起到加强安全与审计的功能。

建立防火墙的目的是保护自己的网络不受外来攻击，为此需要确定哪些类型的信息允许通过防火墙，而哪些不允许通过，这就是"防火墙安全策略问题"。

目前主要有两种截然不同的安全策略：一种是拒绝一切未被特许的东西进入内部网；另一种是允许一切未被拒绝的东西进入。从网络安全性的角度来看，前者严格，它的意思就是：除了被确认是可信任的信息外，其他都不允许进来，但这样可能影响互联性。而后者宽松，它的意思就是：除了被确认是不可信任的

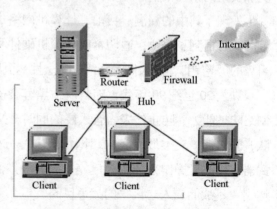

防火墙示意图

信息来源以外都可以进入内部网络，这有利于信息交换，但可能存在安全隐患。

基本
小知识

内部网络

内部网络指采用因特网技术所建立的企业内部专用网络。它以 TCP/IP 协议作为基础，以 Web 为核心应用，构成统一和便利的信息交换平台。

采用哪种安全策略的防火墙，取决于网络自身的条件和环境。要在对自己网络进行安全分析、风险评估和商业需求分析的基础上确定安全策略，采用相应的防火墙。

但是，防火墙和实际生活中采取的各种消防措施一样，只能最大限度地减少灾害，而不能消灭灾害。近来，因特网上的黑客攻击程序事件频频发生，这些黑客攻击程序以正常文件为载体，以病毒方式传播，突破了防火墙系统针对黑客攻击程序采取的防卫措施，巧妙地潜入并隐蔽在系统内部，开设后门，与外部黑客进行"里应外合"。之所以产生这种情况，是因为网络防火墙技术有一定的局限性。

当前的防火墙技术的局限性主要表现为：

1. 由于防火墙对信息流进行过滤的基本依据是网络主机的源地址和目的地址，而这种主机地址比较容易伪造，且如果同一地址中有多个用户，防火墙也无法进行区分。

2. 由于防火墙只对地址进行判别，没有进行双向身份鉴别，因而会给黑客入侵提供机会。

3. 防火墙对访问的控制是粗略的，不能管理信息流的传输进程。

4. 防火墙的物理结构是防外不防内的，它不能防止来自内部的攻击，对进了网的用户的操作和访问缺乏审计能力。

因此，为更好地保证网络安全，除了要不断改进防火墙技术外，还要使用各种加密技术、身份鉴别技术，注重认证和授权，并加强管理，才能使网络系统有一个良好的安全的环境，确保本系统的信息财富不遭盗窃和破坏。

数字签名

　　作为一种确认方法，签名已经广泛地应用在了人们的日常生活之中。签名之所以历来被公认为是一种确认的个人行为，具有法律效益，主要是因为手工签名带有明显的个人特征。但是，这种确认方法却不能应用在计算机及网络领域里。所以在计算机处理中，个人身份及行为的确认问题一直困扰着人们。

　　在早期，个人身份确认采用口令的方式，用字符数字串作为个人的代号，由个人自行保管使用，同时又在计算机内以隐蔽文件的方式存放，使用时用户输入自己的口令，计算机将用户输入的口令与机内存放的口令直接比较，以确认用户的合法性。但是，人们发现这种确认方式安全性不高，因为即使计算机水平不高的人员，也可以很快地盗取别人的口令。

　　后来，人们又采用"指定认证字"的方法，但问题还不能得到圆满解决。因为这样虽然防止了外部普通用户的假冒犯罪行为，却难以防止系统内部的管理人员（通常称为超级用户）的计算机犯罪行为，因为计算机超级用户有很高的计算机操作权限，他可以打开机内的任何文件，包括口令、认证字的隐蔽文件。在大量计算机犯罪案例中，很多确实是在系统内部发生的。这说明，以上所说的各种认证方法，存在很大的缺陷：用户只有被系统检查的义务，而没有足够的自我保护的权利。

　　由此可见，在现代电子计算机系统中，要设计出一种能够代替亲手签名作为身份认证的电子数字系统（即数字签名系统）是很困难的。随着办公自动化、管理信息系统，特别是电子商务的发展，这样的系统又是十分必要的。从根本上说，这种电子数字系统应满足如下要求：

　　1. 接收方能够鉴别发送方的身份。

　　2. 发送方无法否认他所发出的文件。

　　数字签名的实现是建立在一种 20 世纪 70 年代后期发展起来的称为公钥

体制的加密技术基础上。公钥体制是把信息的加密密钥（公钥）和解密密钥（私钥）进行分离，公钥仅作发出文件的一方加密原始信息用；私钥只由接收文件的一方私人秘密保存，作为收到密文后解密用。有了公钥体制之后，用户就可以充分利用自己秘密保存的解密密钥来说明自己的合法身份，而不会被他人（包括计算机管理人员在内）冒充了，是十分科学合理的。另一方面，由于用户 H 的公开密钥是公布于众的，所以任何人（包括仲裁人）都可以用公开密钥来解出用户的原始信息 K。如果数据信息 K 就是用户 H 的合法凭证，那么原则上任何人都可以来证实用户 H 的合法性，这就是用公钥体制作数字签名的实质所在，其合理性是非常明确的。当然在具体使用时，方式可以做各种有益的变化。

基于公钥体制的数字签名作为公证的手段，在原则上是可行的。那么用其他密码体制（譬如 DES 数据加密标准）设计数字签名，并用它作为公证手段是否可行呢？这也是人们很关心的一个问题，应该说只要设计和组织合理，这也是可行的。若用户 H 与用户 F 之间出现某种争执，则公证方就可以根据用户 F 的签名来判断谁是谁非了。

公证问题是现代社会活动中的一项重要安全措施，在计算机信息的社会化中，数字签名无疑是一种比较有效的认证手段，也是信息社会中需要解决的重要课题之一。

▶ 密码技术保护信息安全

自古以来，人们就千方百计保护与自己或国家、团体利益相关的重要信息，如果这些信息需要传递或在某种场合露面，则常常预先将它们编成密码，建立密码体制。密码体制就是一种按某种算法将信息进行伪装的技术。采用密码体制对信息"改头换面"后，任何未经授权者都无法了解其内容。

早在公元前 5 世纪，斯巴达人就曾采用一种称为"天书"的方法，来秘密传送情报。他们将羊皮条缠在柱子上，自上而下地书写情报，写完后把羊皮条解开，人们看到的是一条互不连贯的字母串。只有找到和原柱子大小相同的柱子，把羊皮条缠上去，才能将字母对准，从而正确读出原文。由此可见，只有了解"约定"（即柱子的大小）的人，才能解开密码，了解情报的内容。

希伯来圣经中有几段语句也用了一种叫做"逆序互代"的加密方法，即将某段文字中的第一个字母与倒数第二个字母互换……以此来变形文字，达到不为常人理解的目的。

要对加过密的信息进行解密，必须依靠密钥。在"天书"这个例子中，密钥是柱子的直径大小；在"逆序互代"这个例子中，密钥是加密段的起始位置、段长等。这种选定的对信息加密的方法就是一种算法，加密者通过算法将明文译成密文，得到密钥信息的合法接收者能从密文中解出明文。

有效的密码体制能做到两点：一是使信息能被接收一方正确接收到；二是使信息在传递过程中不泄漏出去。这种密码体制能起到保护信息安全的作用。

加密频道与解密器

我们在收看有线电视台播出的节目时，会发现有几个频道能听到声音，却看不清画面，这便是加密频道。有线电视台在播放加密频道的内容时，采用了加密方法，使一般有线电视台用户只能听到节目的声音，却看不到清晰的画面。只有安装了专门收看加密频道的设备——解密器后，用户才能正常地收看节目。

这种加密，通常只包含对画面的干扰，其原理并不太复杂。打个比方说，假如手上有一张图片，可用两种方法将画面"打乱"。第一种方法，将图片按水平方向均匀地剪成几十条，将各条图像的起点错开或上下颠倒，再重新排列。这种方法叫时序错位。另一种方法，同样将图片按水平方向均匀地剪成

解密器

几十条，在各条图片上分别贴不同颜色的彩色透明纸。这种方法叫彩色错位。用这两种方法得到的画面和原画面相比已面目全非了。有线电视台对节目采取的加密方法与此类似。

由于解密器"掌握"解错位的"密码"，所以安装了解密器后，电视画面就能恢复原形。每个专门的解密器都有一个机器口令，有线电视台对每个解密器的口令均有记录，并使用专用仪器不断地搜索口令，保证合法用户的权益，杜绝非法解密器的使用。

◆ 语言信息的加密

人类用以表达和传递信息的语言，除口授外，大多以文字和图表形式出现在书籍、报刊、杂志、信件、文章、通知、签字中，也有通过电话、电报、传真、广播、电视等通信传播工具间接地表达和传递。其中有些语言信息涉及机密，如军事、政治和经济情报的口令、命令、计划、文告等内部消息。这些信息在传递过程中往往需要加密。

对语言信息加密，要使用暗语。只要双方事先秘密约定，寓明语于暗语中，显暗隐明，在一定的时间和地点内，就能达到对明语保密的目的。常用的暗语密约方法有：

1. 字符式暗语：用某个数字、符号或字母，代替明语中某个文字或字母。例如：用数字"A"代替"电"，用数字"B"代替"脑"，暗语"AB"就代表明语"电脑"。

2. 转置式暗语：改变明语中文字或字母的前后左右次序。例如：将明语"通信卫星"，编成暗语"信通星卫"。

3. 分置式暗语：在明语中的文字与文字之间加进了其他文字或符号。例如：在"航空母舰"中加进"西红柿"，编成暗语"航西空红母柿舰"。

4. 隐文式暗语：将明语隐匿在不相干的字或句中。例如：明语"卫星"，编成暗语"卫夫人夜观星空"。

暗语的编制方法还有很多，甚至音乐、实物、手势、舞蹈形体、少数民族土语等，都能用来编制暗语。

至于在电话、电报、传真和广播电视等通信传播工具中对语言和图像信息加密，就要使用保密器了。它能对语言或图像信息转换成的电信号，采取扰乱其特征的方法进行加密，起到保密的效果。

🔊 保密电话

日常生活中，电话是人们相互联系时不可缺少的通信工具。有时候我们不希望自己的通话被别人窃听，于是，对通信信息加密的保密电话就派上用场了。

我们现在使用的电话，按照通信信息在线路中的传输方法，可以分为模拟电话和数字电话两大类。

使用模拟电话时，电话机上的话筒，先将声音信号转变成电信号，通过线路和电话局交换机转接，传送到对方后，再在对方的电话机听筒中，还原成声音信号放送出来，从而构成双向电话通信。在线路中传送的电信号有幅度和频率两个主要特征。发话人声音的音量，能使电信号的幅度发生变化，而发话人声音的音调，能使电信号频率发生变化。由此可见，模拟电话在线路中传送的是一种模拟声音信号变化的电信号。电信号仿佛是声音信号的"影子"。窃密者只要设法得到这种电信号，就能很容易地让这种电信号在耳机或扬声器中变成声音信号放送出来，使通信内容泄密。

如果在电话通话时使用保密器，就能对通信信息加密。保密器能改变模拟电信号的特征，按与对方预先规定的密约，将电信号原来的高频率改变成低频率，将原来的低频率改变成高频率，甚至可将整段电信号分割成若干小段，分别进行颠倒，使电信号的特征发生"混乱"。这种完全走了样的电信号在线路中传送时，即使被窃听者获取，在耳机或扬声器中放送出来的也是一种严重失真的面目全非的声音。这样就起到了保密的作用。当然，对正常的接收来说，保密器会按预先规定的密约，将颠倒弄乱的电信号的特征"拨乱反正"，使其还原成原来的模样，就能放送出清晰的声音信号了。

至于数字电话，它在线路中传送的是由"0"和"1"两个数字组合形成的电信号，这种电信号在技术上叫信码，本身具有较高的保密性。为了密上加密，就将信码的组合搞乱，越乱越好。在接收时，再按事先规定的密约，将搞乱了的信码还原，这样就能正常通信了。因为数字电话在线路中传送的是一种已被搞乱了的信码，即使被窃听，一时也很难破译，起到了保密的效果。

随着电子技术的进步，加密技术会更加先进，电话的保密性将越来越好。